La Convention européenne des droits de l'Homme

dans la même collection :

La Constitution européenne, O. Duhamel
Constitution de la République française, F. Mélin-Soucramanien
Les constitutions de la France, de la Révolution à la IVe République, F. Mélin-Soucramanien
▶ *La Convention européenne des droits de l'Homme,* F. Moderne
Les grandes démocraties, F. Mélin-Soucramanien
Locutions latines juridiques, collectif

La Convention européenne des droits de l'Homme

texte intégral de la Convention de sauvegarde des droits de l'Homme et des libertés fondamentales

à jour des Protocoles additionnels en vigueur au 25 avril 2012

présenté par
Franck Moderne
Professeur émérite de droit public à l'Université Panthéon-Sorbonne (Paris I)

2012

DALLOZ

ISBN 978-2-247-11864-9

Sommaire

Présentation[1]

La Convention européenne des droits de l'Homme (Conv. EDH), dont l'appellation officielle est « Convention de sauvegarde des droits de l'Homme et des libertés fondamentales », a été signée à Rome le 4 novembre 1950, sous l'égide du Conseil de l'Europe, au lendemain même de la Seconde Guerre mondiale. Directement inspirée par la Déclaration universelle des droits de l'Homme, adoptée en 1948 par l'Assemblée générale des Nations unies, elle est entrée en vigueur le 3 septembre 1953 et engage à ce jour 47 États de l'Europe occidentale, centrale et orientale. Elle s'applique donc à plus de 800 millions d'individus.

Elle s'est présentée dès l'origine comme un instrument privilégié de protection des droits essentiels de l'Homme, dans le cadre de l'Europe d'après-guerre déchirée et meur-

1. Cet ouvrage, présenté par Franck Moderne pour les 1re et 2e éditions, a été mis à jour, pour cette nouvelle édition, par Claire Demunck, Chef de rubrique Européen et International, Dalloz actualité.

trie par la révélation des atrocités commises au cours de la période antérieure. Elle est l'œuvre du Conseil de l'Europe dont le statut (1949) imposait précisément à tout État candidat de reconnaître le « principe de la prééminence du droit et le principe en vertu duquel toute personne placée sous sa juridiction doit jouir des droits de l'homme et des libertés fondamentales » (art. 3).

Le brevet d'entrée au Conseil de l'Europe que constitue l'adhésion à la Convention européenne des droits de l'Homme ne limite pas à cette formalité les obligations de l'État devenu membre : il lui appartient de maintenir en permanence sur son territoire le degré de protection des libertés fondamentales que comporte le strict respect des prescriptions conventionnelles. L'État qui se rendrait coupable d'une méconnaissance avérée de l'article 3 du Statut encourrait l'exclusion pure et simple du Conseil de l'Europe.

La Convention est ainsi devenue la pièce maîtresse du système européen de protection des libertés essentielles de la personne humaine. Elle s'est intégrée dans les droits nationaux des États du Vieux Continent et contribue puissamment à assurer l'effectivité et l'efficacité des techniques juridiques qui sont utilisées dans ce domaine. Elle permet en même temps d'en amorcer l'harmonisation minimale autour de standards admis par tous, préfiguration d'un *jus communis europeus* des droits de l'Homme, fondé sur une certaine conception des rapports entre l'Homme, le pouvoir et la société.

C'est pourquoi il convient d'abord de mieux la situer parmi les autres instruments internationaux affichant, dans le même cadre géographique, les mêmes ambitions.

On procédera ensuite à une brève analyse de ce texte majeur, afin de mieux faire ressortir sa spécificité.

I. – La place de la Convention européenne des droits de l'Homme dans les systèmes européens de protection des libertés fondamentales

L'élaboration et la mise en œuvre de la Convention européenne des droits de l'Homme ne doivent pas masquer l'apport d'autres documents internationaux liant à des degrés divers les États membres du Conseil de l'Europe.

Il convient au premier chef de mentionner les conventions, à objet plus limité, également conclues dans le cadre du Conseil de l'Europe et qui complètent sur tel et tel point la protection offerte par la Conv. EDH. Tel est le cas de la Convention européenne pour la prévention de la torture et des peines ou traitements inhumains ou dégradants, ouverte à la signature le 26 novembre 1987, ou celui de la Convention-cadre pour la protection des minorités nationales, ouverte à la signature le 1er février 1997 (et entrée en vigueur le 1er février 1998), ou encore celui de la Charte sociale européenne, dite de Turin, pendant de la Conv. EDH pour les droits économiques et sociaux, signée dans sa version initiale le 18 octobre 1961 (et entrée en vigueur le 26 février 1965) et dont la version révisée, adoptée le 3 mai 1996, est entrée en vigueur le 1er juillet 1999 (accompagnée de son protocole additionnel de 1988). La Convention européenne sur l'exercice des droits des enfants ouverte à la signature le 25 janvier 1996 et entrée en vigueur le 1er juillet 2000, et la Convention sur la lutte contre la traite des êtres humains entrée en vigueur le 1er février 2008, dont l'objectif est la protection des victimes de la traite et la sauvegarde de leurs droits, s'ajoutent à ces textes.

Il faut reconnaître toutefois que ces instruments sont loin de mettre au service des libertés qu'ils proclament les mêmes moyens que la Convention européenne des droits de l'Homme.

Il y a lieu également de faire référence à d'autres modalités de protection des droits de l'Homme, qui se situent toujours dans le contexte européen, mais dans un cadre plus réduit, celui de l'Union européenne.

La jurisprudence de la Cour de justice de l'Union européenne (ex-Cour de justice des Communautés européennes), bien que limitée aux matières relevant du droit de l'Union, considère ainsi que « les droits fondamentaux font partie intégrante des principes généraux du droit dont la Cour assure le respect » (CJCE 12 nov. 1969, *Stauder*, CJCE 17 déc. 1970, *International Handelsgesellschaft* et CJCE 14 mai 1974, *Nold*), s'inspirant à cet effet des traditions constitutionnelles communes aux États membres et en se référant plus particulièrement à la Convention européenne des droits de l'Homme, laquelle « revêt... une signification particulière » (CJCE 21 sept. 1989, *Hoescht AG c. Commission* ; CJCE 18 juin 1991, *ERT*), La prise en compte par la jurisprudence communautaire du thème des droits de l'Homme a fait l'objet d'une ratification officielle dans l'article F 2 du Traité de Maastricht sur l'Union européenne (7 févr. 1992) : « l'Union européenne respecte les droits fondamentaux tels qu'ils sont garantis par la Convention européenne des droits de l'homme... et tels qu'ils résultent des traditions constitutionnelles communes aux États membres en tant que principes généraux du droit communautaire ». Cette clause a été consolidée par le Traité d'Amsterdam (2 oct. 1997), lequel pose comme condition d'entrée dans l'Union européenne l'adhésion aux principes « de la liberté et de la démocratie », au « principe du respect des droits de l'homme et des libertés fondamentales ainsi que de l'État de droit, principes communs aux États membres ».

Enfin, c'est au terme d'une procédure de confection originale, que fut adoptée à Nice, le 7 décembre 2000, une « Charte des droits fondamentaux de l'Union européenne » entendant faire la synthèse officielle et ordonnée des valeurs partagées par tous les États membres de l'Union (dignité, liberté, égalité, solidarité, citoyenneté, justice) et caractéristiques des États de droit démocratiques et libéraux. Ce texte occupe une place d'importance dans la reconnaissance de la protection des droits fondamentaux au sein de l'Union. Avec l'entrée en vigueur le 1er décembre 2009 du Traité de Lisbonne (signé le 13 décembre 2007), la Charte a dorénavant acquis la même force juridique contraignante que les traités.

N'oublions pas, dans ce rapide panorama, d'évoquer ce qu'il est convenu d'appeler la « dimension humaine » de l'Acte final d'Helsinki (1er août 1975), par lequel la Conférence sur la paix et la sécurité en Europe a posé les bases de l'Organisation pour la sécurité et la coopération en Europe (OSCE), chargée de promouvoir la détente entre les démocraties occidentales et les pays de l'ex-bloc soviétique et de liquider par là-même les séquelles de la Seconde Guerre mondiale. Si le dispositif de contrôle prévu par l'Acte final était des plus sommaires, il permettait quand même à un État signataire de s'informer sur le respect par ses partenaires des droits de l'homme et les libertés fondamentales (« y compris la liberté de pensée, de conscience et de religion »), respect auquel tous les États signataires s'étaient formellement engagés (principe VII).

Au cours des conférences qui suivirent (Vienne, 1989, Copenhague, 1990, Paris, 1990, Moscou, 1991, Helsinki, 1992), l'idéologie occidentale des droits de l'homme a pu ainsi progresser dans les États d'Europe centrale et orientale, encore que le mode de fonctionnement de l'OSCE relève principalement de la prévention et de l'incitation, c'est-à-dire de la diplomatie classique – et que l'institution déborde le champ géographique de l'Europe proprement dite.

Cela dit, au sein de cet ensemble, le sous-système de protection des libertés organisé par la Convention de Rome tranche par sa singularité et s'avère, de loin, le plus performant.

II. – La spécificité de la protection des droits fondamentaux offerte par la Convention européenne des droits de l'Homme

Le particularisme notoire que l'on reconnaît volontiers à la Conv. EDH tient à plusieurs éléments qui se conjuguent et se soutiennent réciproquement : le statut même de cette convention, qui n'est pas des plus communs, le type de protection qu'elle propose – et a mis effectivement en place – et la nature des droits qu'elle entend protéger.

Reprenons ces différents points.

A. – Le statut de la Convention européenne des droits de l'Homme

Ce statut présente cette originalité première qu'il ne s'agit pas d'une convention internationale ordinaire, conclue entre États souverains et dont l'exécution serait tributaire du principe de réciprocité.

Il est acquis que si convention internationale il y a, ses destinataires désignés sont les nationaux des États signataires et non ces États au premier chef. On a maintes fois souligné le caractère « objectif » de la Conv. EDH, dont l'objet est de protéger les libertés fondamentales des particuliers contre les atteintes que pourraient leur porter les États contractants eux-mêmes. Les obligations mises à la charge de ces derniers se trouvent de ce fait non seulement officialisées sur le plan international mais aussi pérennisées, échappant à ce titre aux fluctuations politiques des gouvernements en place.

Il a été proposé de voir dans la Convention de Rome un « instrument constitutionnel de l'ordre juridique européen » (CEDH 23 mars 1995, *Loizidou c. Turquie*), afin de faire ressortir à la fois le caractère authentiquement « constitutionnel » d'un tel acte et son objectif premier : forger un « ordre public européen » dans le domaine des droits et des libertés.

On ne contestera pas que le fait que les droits et les obligations créés par la Convention intéressent au premier chef les rapports entre les individus et les États dont ils relèvent introduit une connotation singulière dans cet acte international. Mais l'observation ne règle pas pour autant le statut

« interne » de la Convention dans les différents droits nationaux.

Si l'incorporation pure et simple de la Conv. EDH dans les ordres juridiques internes est à coup sûr la solution la plus expédiente, elle n'est adoptée que par les États qui se réclament du monisme dans les rapports entre droit national et droit international et admettent l'applicabilité immédiate et directe des traités régulièrement ratifiés et publiés, et leur primauté corrélative sur les lois ordinaires (y compris, éventuellement, sur les lois postérieures, voire, dans des cas exceptionnels, sur la Constitution elle-même).

Dans l'hypothèse où les États signataires se seraient ralliés à la théorie du « dualisme », la convention internationale, pour être applicable dans l'ordre interne, doit faire l'objet d'une loi d'incorporation, avec le risque subséquent qu'une loi postérieure en affaiblisse la portée ou en réduise le champ d'application. Au surplus, dans l'attente de la loi d'incorporation, la convention lierait toujours l'État sur le plan international mais ne pourrait faire l'objet d'une application directe par les juges nationaux.

Toutes ces situations se sont vérifiées à propos de la Convention européenne des droits de l'Homme, ce qui a sans doute provoqué quelques distorsions dans la mise en œuvre du texte.

B. – L'existence d'une protection juridictionnelle *ad hoc* des droits reconnus par la Convention

L'existence d'une telle protection juridictionnelle est un autre trait distinctif du système sur lequel il convient d'attirer l'attention.

Le mécanisme aujourd'hui mis en place, notamment après l'entrée en vigueur (le 1er oct. 1998) du Protocole additionnel nº 11, confie à une cour de justice, la Cour européenne des droits de l'Homme (ci-après CEDH), le soin de se prononcer à la fois sur la recevabilité des requêtes des personnes physiques (ou morales) se plaignant d'une violation de leurs droits essentiels – et sur la solution de fond des litiges (dans l'hypothèse où la tentative de conciliation préalable prévue par les textes aurait échoué).

1º Sur le plan institutionnel, la Cour européenne des droits de l'Homme (dont le siège est à Strasbourg) obéit à un schéma original.

Elle est composée de juges professionnels indépendants, à plein-temps (autant qu'il y a d'États parties à la Convention), élus par l'Assemblée parlementaire du Conseil de l'Europe pour un mandat de neuf ans, non renouvelable.

Ses formations contentieuses ont été modifiées en 2010. Dorénavant, la Cour siège en formations de juge unique, en comités de trois juges, en chambres de sept juges et en une Grande chambre composée de dix-sept juges (parmi lesquels le président de la Cour, les vice-présidents, les présidents des chambres et des juges désignés). Un juge unique, assisté de rapporteurs non judiciaires faisant partie du greffe, est ainsi compétent pour déclarer une requête individuelle irrecevable ou pour la rayer du rôle lorsqu'une telle décision peut être prise sans examen complémentaire, à l'image des comités qui peuvent, eux, en outre, déclarer recevable une requête et rendre conjointement un arrêt sur le fond lorsque la question à l'origine de l'affaire fait l'objet d'une jurisprudence bien établie de la Cour. À défaut, c'est la chambre (dont le rôle est pour l'essentiel de statuer sur les litiges) qui se prononce sur la recevabilité et le fond des requêtes. La Grande Chambre n'intervient que dans des hypothèses limitées et notamment sur renvoi d'une chambre, lorsque l'importance d'une affaire ou des circonstances particulières appellent une intervention en forme plus solennelle.

Nul n'ignore que l'un des problèmes les plus préoccupants pour la juridiction de Strasbourg depuis une dizaine d'années est l'afflux croissant des recours individuels contre les États. Il est vrai que la Cour, par souci de libéralisme, a notamment admis l'introduction des requêtes par des victimes simplement « indirectes » ou « par ricochet », voire par des victimes « potentielles ». Par ailleurs, la Convention elle-même ouvre un recours effectif et efficace devant une instance nationale à « toute personne dont les droits et libertés reconnus dans la présente Convention ont été violés, alors même que la violation aurait été commise par des personnes agissant dans l'exercice de leurs fonctions officielles » (l'« instance nationale » saisie, même s'il ne s'agit pas nécessairement d'une juridiction, doit offrir au requérant toutes les garanties d'ordre procédural ou de fond attestant que justice sera rendue) ; une telle rédaction a de toute évidence contribué à alimenter les contentieux nationaux et, partant, à encourager leurs prolongements éventuels vers la Cour européenne des droits de l'Homme.

Comme la compétence de la Cour s'étend à toutes les questions concernant l'interprétation et l'application de la Convention et de ses Protocoles annexes (mais il faudrait compter avec les réserves introduites par les États lors de la signature ou de la ratification de la Convention ou d'un Protocole), et que les recours individuels se sont trouvés démultipliés par les adhésions successives de nouveaux États à la Convention et par l'entrée en vigueur de nouveaux Protocoles, on imagine aisément que la situation, déjà tendue, s'aggrave inexorablement. C'est pourquoi la réforme de la Cour a été engagée dès 2001, sous la forme d'un protocole à la Conv. EDH, le Protocole n° 14. Ouvert à la signature en 2004, il est entré en vigueur le 1er juin 2010 (avec sa ratification, tant attendue, par la Russie) et prévoit notamment une simplification et une accélération du traitement des requêtes manifestement irrecevables ou de nature répétitive et la mise en place d'un nouveau critère de recevabilité (comportant deux clauses de sauvegarde). De même, des conférences ont été organisées par le Conseil de l'Europe afin, tout d'abord, de réaffirmer l'attachement des États parties à la protection des droits de l'Homme, mais également et surtout d'établir une feuille de route en vue de l'évolution constante de la Cour : la Conférence d'Interlaken en février 2010 a ouvert la voie, suivie de la Conférence d'Izmir en avril 2011, puis de celle de Brighton en avril 2012 ; ces trois conférences ayant pour objectif le fonctionnement efficace de la Cour en optimisant le filtrage des requêtes.

Les arrêts de la Cour, qui doivent être motivés, sont de caractère « déclaratif » (il y a eu ou non violation de la Convention ou d'un de ses Protocoles additionnels) ; mais ils sont définitifs et s'imposent aux parties avec autorité de chose jugée – et même, ajoute-t-on parfois, autorité de « chose interprétée », dans la mesure où la solution rendue invite le juge interne à se conformer sans tarder aux interprétations retenues par la Cour à propos de telle ou telle disposition conventionnelle.

On soulignera que la Cour laisse en principe aux États le soin de déterminer les mesures concrètes qui permettront de donner « satisfaction équitable » au justiciable requérant. Ces mesures peuvent être fort diverses (retrait d'un acte, modification ou abrogation d'un texte, réparation pécuniaire, etc.). Il apparaît toutefois que, depuis quelques années, la Haute juridiction a tendance à se montrer plus rigoureuse, plus précise et plus pressante – et qu'elle n'hésite guère, si elle l'estime utile, à indiquer elle-même à l'État concerné celles des mesures d'exécution de l'arrêt qui, à ses yeux, apporteront les apaisements nécessaires aux craintes légitimes des plaignants, ce qui a pu susciter quelques vives critiques.

Au surplus, le Comité des ministres du Conseil de l'Europe est chargé de suivre l'exécution des arrêts de la Cour et il peut demander toutes explications utiles à cet égard. Quand bien même cette intervention, souvent tardive, ne serait pas une panacée, elle peut se révéler politiquement efficace.

2º Sur le plan des méthodes juridictionnelles d'interprétation de la Convention européenne des droits de l'Homme, la jurisprudence de la Cour témoigne également d'une certaine originalité.

Il s'agit pour l'essentiel d'une interprétation dite « autonome » (qui échappe d'une certaine manière aux canons interprétatifs des droits nationaux), d'une interprétation ouverte, dynamique, souple et évolutive, mais aussi d'une interprétation relativement distanciée par rapport aux États signataires de la Convention. Ces caractères ont d'ailleurs été relevés très tôt par la doctrine spécialisée.

Que la Cour ait tendance à forger ses propres concepts ou, au moins, à singulariser sa propre approche de concepts par ailleurs considérés comme classiques, ne surprendra par outre mesure.

Il était en effet hautement vraisemblable qu'elle ne se rallierait pas à un système juridique national de référence, parmi ceux que lui offraient les États contractants, et qu'elle s'efforcerait au contraire, eu égard à sa position centrale dans le dispositif, de ne pas paraître privilégier indûment tel ou tel droit interne. Il lui fallait donc conférer au vocabulaire juridique de ses arrêts une relative autonomie et les notions qu'elle élabore doivent être comprises dans le contexte particulier de la Convention européenne des droits de l'homme. Elles n'ont pas vocation à gérer l'ensemble des relations juridiques susceptibles de se nouer au sein de l'État destinataire.

La Cour n'hésite pas, le cas échéant, à écarter les interprétations nationales qui tenteraient – ou auraient pour effet – de réduire la portée ou de déformer le sens de sa jurisprudence; elle rétablirait en tant que de besoin les significations qu'elle estime les mieux adaptées aux litiges qui lui sont soumis, en fonction du texte et de la philosophie de la Convention de Rome.

L'article 6 de la Convention sur le « droit à un procès équitable », un des plus souvent invoqués devant la Cour de Strasbourg, a ainsi donné lieu à une jurisprudence foisonnante sur les notions qui en conditionnent la mise en œuvre : celles de « contestation sur les droits et obligations de caractère civil » et de « bien-fondé de toute accusation en matière pénale ».

À quoi s'ajoutent, dans la même disposition conventionnelle, des adjectifs ou des adverbes passablement indéfinis (« cause... entendue équitablement, publiquement et dans un délai raisonnable par un tribunal indépendant et impartial ») dont les virtualités sont loin d'être épuisées.

Cela ne signifie pas pour autant que la Cour cherche à se démarquer à tout prix des systèmes juridiques existants ou des autres modes de protection, internes ou internationaux, des droits fondamentaux de la personne humaine. Au demeurant, l'article 53 de la Convention énonce qu'aucune de ses dispositions « ne sera interprétée comme limitant ou portant atteinte aux droits de l'Homme et aux libertés fondamentales qui pourraient être reconnus conformément aux lois de toute Partie contractante ou à toute autre Convention à laquelle cette Partie contractante est partie ». Ce qui implique que les interprétations juridictionnelles de la Cour européenne des droits de l'Homme doivent avoir pour objectif ou au moins pour résultat de renforcer la protection effective de la liberté en cause, telle qu'elle est organisée sur la base du droit interne ou du droit international.

Il appartient dès lors à la Cour de s'informer sur les pratiques juridiques des États, s'agissant des droits fondamentaux qui sont placés sous leur surveillance, et de manière plus générale, de tenir compte des solutions retenues par les juridictions internationales ayant des préoccupations simi-laires aux siennes.

On conçoit que, dans un tel système, la Cour européenne des droits de l'Homme ait adopté une interprétation ouverte, souple et dynamique du droit conventionnel qu'il lui appartient de faire respecter par les États signataires de la Convention.

Après plusieurs décennies de fonctionnement du système, cette démarche s'est traduite par une conception nettement extensive des droits placés sous la protection de la Cour ainsi que des situations susceptibles de relever de sa juridiction.

Du côté des droits protégés (encore qu'il faudrait, pour certains d'entre eux, nuancer le propos), la Cour, au nom du réalisme juridique, a eu tendance très tôt à leur reconnaître une portée et une densité qui n'avaient pas nécessairement été envisagées par les rédacteurs de la Convention de Rome.

Il est vrai que le Préambule de ce texte pouvait l'y inciter puisqu'il évoquait, outre la sauvegarde, le « développement » des droits de l'Homme et des libertés fondamentales comme l'un des moyens par lesquels sera réalisée une union plus étroite des membres du Conseil de l'Europe – et faisait de la Convention l'une des « premières mesures propres à assurer la garantie collective de certains droits » énoncés dans la Déclaration universelle des droits de l'Homme.

Comme illustration de cette politique jurisprudentielle, on cite souvent l'interprétation de l'article 6 de la Convention : à partir du droit à un « procès équitable », la Cour a reconnu, en amont, le droit d'accès à un tribunal et, en aval, le droit d'obtenir l'exécution adéquate d'une décision de justice.

La même volonté extensive se manifeste quant à l'analyse des situations de nature à justifier l'intervention de la Cour. Celle-ci, après quelques hésitations, a admis que les obligations nées de la Convention ne concernaient pas seulement les rapports verticaux État – individu mais s'appliquaient tout aussi bien aux rapports « horizontaux » entre individus. La théorie d'origine allemande de la *drittwirkung* a trouvé ainsi un terrain favorable en matière de liberté syndicale, de liberté d'expression, de liberté d'association ou de droit à la vie privée. Elle contraint les États signataires de la Convention à faire en sorte que les particuliers puissent continuer à bénéficier dans leurs relations réciproques des droits garantis par la Convention de Rome. Une omission de leur part pourrait être regardée comme fautive et plus encore le fait d'avoir favorisé, par une législation interne inappropriée, la violation d'un droit fondamental au sens de la Convention.

Il appartient toutefois aux tribunaux nationaux de faire respecter le droit conventionnel dans le contentieux des droits fondamentaux dont ils sont saisis.

Lorsqu'elle doit se prononcer sur des restrictions de droits que les plaignants estiment abusives, et qui, en tout état de cause, doivent être autorisées par la Convention elle-même, la Haute juridiction s'attache à vérifier d'abord la conformité du comportement étatique contesté au système juridique national et ce n'est que si la méconnaissance du droit interne est flagrante, manifeste et grossière au regard des canons de la Convention qu'elle identifiera une violation du droit conventionnel. Selon une formule souvent rappelée, la Cour n'entend pas se comporter comme une ultime instance d'appel ou de révision des procès nationaux. Elle s'estime seulement habilitée à sanctionner les comportements des États contractants contraires à la Convention.

Elle laisse donc aux juges nationaux le soin de traiter au mieux les questions litigieuses qui leur sont soumises en fonction de leur propre culture juridique. Selon les termes de l'arrêt *Handyside* (1976), « le mécanisme de sauvegarde instauré par la Convention revêt un caractère subsidiaire par rapport aux systèmes nationaux de garantie des droits de l'Homme ».

Cette démarche prudente (et parfois critiquée) se justifie à ses yeux, d'abord parce que les États signataires de la Convention sont tous des États de droit démocratiques et libéraux, dont on peut estimer *a priori* qu'ils ont à cœur d'assurer convenablement la protection des droits individuels; ensuite parce qu'il serait déraisonnable de ne pas laisser aux États une certaine liberté de manœuvre dès lors que les objectifs de la Convention européenne ne sont pas clairement méconnus. Il serait de toute façon irréaliste de tenter d'imposer à coup de sentences impératives des conceptions trop rigides ou d'exiger des comportements strictement uniformes de la part des États.

La rançon de ce *judicial self-restraint*, à savoir une insécurité juridique résiduelle s'agissant de certains concepts de la Convention (et notamment ceux qui justifient les dérogations ou les exceptions aux obligations mises à la charge des États : « défense de l'ordre », « ordre public », « protection de l'ordre », « sûreté publique », « protection de la morale », « protection de la santé », « intérêt public », « utilité publique », « bien-être économique du pays », « intérêts de la justice », etc.), paraît difficilement évitable.

Il est vrai aussi que la Cour sait, quand il le faut, réduire la marge d'appréciation laissée aux États et conforter en conséquence ses constructions juridiques.

C. – La nature des droits protégés

La nature des droits protégés permet de délimiter le champ d'application de la Convention européenne des droits de l'Homme en tant que document international consacré à la protection des libertés jugées essentielles. Leur analyse contribue à mieux faire ressortir le particularisme du système ainsi mis en place.

Il ne saurait être question, dans cette brève préface, d'entrer dans le détail des droits pris en compte par la Convention ou dans les nuances subtiles des solutions jurisprudentielles les concernant.

On s'en tiendra donc à quelques observations.

De manière générale, il y a lieu de souligner que la Convention de Rome n'entend pas être l'instrument de protection de la totalité des droits susceptibles d'être reconnus au profit des individus dans les démocraties européennes. Elle s'intéresse quasi exclusivement aux « droits civils et politiques » (pour reprendre l'expression de l'un des Pactes internationaux conclus sous l'égide de l'Organisation des Nations unies en décembre 1966).

Les droits dits économiques et sociaux, quant à eux, font l'objet d'autres instruments internationaux de protection (parmi lesquels la Charte sociale européenne de Turin, déjà évoquée).

1° Les droits civils

Parmi les droits civils, certains appellent une vigilance particulière dans l'Europe d'après-guerre : les droits relatifs à la vie, à l'intégrité physique et à la dignité des individus. Ils sont les premiers mentionnés dans la Convention.

Le droit à la vie est reconnu à l'article 2 et placé sous la protection de la loi nationale. Ce droit n'est pas susceptible de restrictions ni de réserves. Si, dans sa version initiale, la Convention avait prévu certaines situations de nature à justifier la peine de mort, le Protocole n° 6 (amendé par le Protocole n° 11, il est entré en vigueur, dans sa version modifiée, le 1er novembre 1998) en a réduit le nombre, puis le Protocole n° 13, relatif à l'abolition de la peine de mort en toutes circonstances (ouvert à la signature le 3 mai 2002 et entré en vigueur le 1er juillet 2003) en a fait un droit inconditionnel. Dans son arrêt du 12 mai 2005, *Öcalan c. Turquie*, la Cour a pris acte de ce que « la peine de mort en temps de paix en est venue à être considérée comme une forme de sanction inacceptable... qui n'est plus autorisée par l'article 2 de la Convention, dans tous les États membres du Conseil de l'Europe ». L'article 2 fait peser sur les États l'obligation de s'abstenir de provoquer la mort, mais aussi de prendre les mesures nécessaires pour protéger la vie des personnes.

Le droit à l'intégrité de la personne physique le suit de près et il a donné lieu à de sévères avertissements de la part des instances du Conseil de l'Europe (par exemple la Convention européenne pour la prévention de la torture et des peines ou traitements inhumains ou dégradants, signée en 1997). Comme le droit à la vie, le droit à l'intégrité physique de la personne ne souffre aucune dérogation ou exception, « même en cas de danger public menaçant la vie de la nation », précise la Cour dans un arrêt *Chahal c. Royaume-Uni*, du 15 novembre 1996. Sans compter l'« effet réflexe » de l'article 3 de la Convention, tel qu'il a été décelé à propos de la célèbre affaire *Soering c. Royaume-Uni* jugée par la Cour le 7 juillet 1989.

La prohibition formelle de l'esclavage, de la servitude et du travail forcé ou obligatoire se situe dans la même mouvance (art. 4) et donne lieu aux mêmes condamnations de principe, sous réserve (s'agissant du travail forcé ou obligatoire) des situations exceptionnelles admises par l'article 4 lui-même. La Cour de Strasbourg a ainsi conclu à la violation de l'article 4 de la Convention par Chypre et par la Russie, en 2010, estimant que les autorités de ces deux pays n'avaient pas protégé une artiste de cabaret de vingt ans d'un trafic d'êtres humains (7 janvier 2010, *Rantsev c. Russie et Chypre*).

On en vient naturellement au thème-clé de la liberté individuelle sous ses formes les plus élémentaires, et les plus symboliques : protection contre les arrestations et les détentions arbitraires, contre les expulsions de nationaux par voie de mesures individuelles ou collectives (Protocole n° 4, art. 3), contre les expulsions collectives d'étrangers (*ibid.*, art. 4), reconnaissance corrélative de la liberté d'aller et venir, entre autres.

Cette liberté est également confiée par la Convention à la vigilance du législateur national et, si elle est appelée à subir quelques restrictions, la Convention veille à en circonscrire le nombre et en limiter la portée (art. 5), notamment en ce qui concerne les personnes effectivement privées de leur liberté. On notera que, dans cette dernière hypothèse, les intéressés bénéficient d'un recours spécifique devant un tribunal qui devra statuer à bref délai (*ibid.*); au surplus, ils ont droit à une réparation adéquate au cas où l'illégalité de leur détention serait établie.

La liberté de circulation ne fait pas l'objet d'une sollicitude aussi appuyée et des considérations d'intérêt général, énumérées en termes peu restrictifs à l'article 2 du Protocole n° 4 (amendé par le Protocole n° 11 : « mesures nécessaires, dans une société démocratique, à la sécurité nationale, à la sûreté publique, au maintien de l'ordre public, à la prévention des infractions pénales, à la protection de la santé ou de la morale ou à la protection des droits et libertés d'autrui »), y feront éventuellement obstacle. Appliqué aux étrangers, le régime de la liberté de circulation varie selon que leur présence est régulière ou irrégulière.

On a déjà évoqué l'état du droit « à un procès équitable », consacré par l'article 6 et qui a donné lieu à un contentieux particulièrement prolifique tant en ce qui concerne son champ d'application que les garanties exactes qu'il apporte aux justiciables sous une étiquette qui n'est pas un modèle de clarté. Au fil des espèces, la Cour de Strasbourg approfondit et nuance la portée des divers éléments de ce droit, qu'il convient de mettre en relation avec « le droit à un recours effectif devant une instance nationale », prévu à l'article 13, ou avec le droit à un « recours devant un tribunal » dans l'hypothèse d'une arrestation ou d'une détention arbitraire, consacré par l'article 5, paragraphe 4. On se bornera à mentionner ici les arrêts du 12 avril 2006, *Martinie c. France*, qui condamne l'assistance du commissaire du gouvernement au délibéré des juridictions administratives ou financières en France et du 19 janvier 2012, *Popov c. France* lequel reproche à la France l'impossibilité pour des enfants mineurs, placés avec leurs parents en rétention administrative dans l'attente de leur expulsion, de contester la légalité de cette mesure.

Il ne faut pas d'avantage s'étonner de l'importance prise, tant devant les juridictions nationales que devant les juridictions européennes, par la défense du droit à la vie privée, à la vie familiale et à l'intimité, qui est l'objet de l'article 8 de la Convention. Cette protection est devenue de plus en plus impérative en raison des risques renouvelés d'intrusions dans le cercle de la vie intime que comporte inévitablement le développement exponentiel des techniques d'investigation, d'information et de communication. En outre, la Cour a eu l'occasion de donner à la protection de la vie privée et familiale une interprétation assez large.

Il est vrai que les libertés de la pensée (art. 9 et s.) ne sont pas forcément mieux traitées, notamment lorsqu'elles choisissent un mode d'expression externe (liberté de réunion, de manifestation, d'association, etc.). Certes, la Cour relève, à l'occasion, les dimensions « essentielles » de ces droits (25 mai 1993, *Kokkinakis c. Grèce*), surtout des libertés de la pensée proprement dites et de leurs ramifications les plus courantes (liberté de conscience, liberté de religion, liberté de culte, etc.) – et elle sait protéger les opinions intimes des individus en condamnant, parfois sévèrement, les contraintes et les pressions directes ou indirectes exercées sur les personnes pour forcer leurs convictions. Mais elle doit tenir compte par ailleurs de l'arsenal des motifs prévus par la Convention pour justifier les restrictions potentielles à ces libertés dès lorsqu'il ne s'agit plus seulement du for interne. Citons, sans insister, les rédactions parallèles à cet égard des articles 9, alinéa 2, et 10, alinéa 2, de la Convention.

Dans ce rapide survol des droits individuels garantis par le système européen, une place à part doit être faite au droit de propriété, dont le classement dans cette catégorie ne s'impose pas avec évidence. Il n'avait pas été inclus initialement dans le projet soumis au Conseil de l'Europe et c'est le Protocole additionnel n° 1 (entré en vigueur le 18 mai 1954) qui constitue ici la norme de référence (art. 1er : « Toute personne physique ou morale a droit au respect de ses biens. Nul ne peut être privé de sa propriété que pour cause d'utilité publique et dans les conditions prévues par la loi et les principes généraux du droit international ») – mais la portée de cette disposition est fortement atténuée par l'alinéa 4 du même article qui permet aux États signataires de « réglementer l'usage des biens conformément à l'intérêt général ».

La jurisprudence de la Cour européenne a tiré de ce dispositif quelque peu ambigu un certain nombre de principes qui marquent sa volonté de limiter les ingérences des États dans la sphère de la propriété privée, sans énerver inconsidérément l'action légitime des gouvernants. Tout en nuances, elle est jalonnée d'affaires célèbres et s'efforce de trouver un équilibre acceptable entre les diverses considérations d'ordre économique, politique et social qui accompagnent un droit dont le caractère individuel est controversé depuis l'origine.

2° *Les droits civiques*

Sur ce chapitre, les observations seront plus brèves.

On écartera du débat certains modes d'expression de la liberté d'opinion (liberté de réunion, de manifestation, d'association, liberté de la presse, etc.) qui peuvent avoir une connotation civique mais débordent largement ce type de considérations.

La Convention de Rome s'est surtout attachée (dans le Protocole additionnel n° 1 et non dans le texte initial) au droit des citoyens à des élections libres, au scrutin secret et dans des conditions assurant « la libre expression du peuple sur le choix du corps législatif » (art. 3).

Le raisonnement se situe ici au carrefour de la liberté générale d'expression (dont la désignation du corps législatif, au terme d'un processus électoral, illustre une manifestation spécifique) et de l'identification d'un droit qui mérite d'être traité à part en raison de l'enjeu qu'il représente pour la démocratie.

Car c'est bien entendu le modèle de la démocratie libérale élective qui constitue l'idéal affiché des États membres du Conseil de l'Europe. Dans ce contexte, le droit de vote aux élections politiques a été regardé par la Cour comme un véritable droit subjectif, ainsi que le droit d'être élu aux mêmes élections. Si les élections législatives ont été privilégiées par la Convention, c'est en raison de l'importance de la loi dans les systèmes nationaux de protection des libertés fondamentales. On a déjà dit que la Convention européenne des droits de l'Homme avait été conçue comme un système auxiliaire de garantie des libertés individuelles essentielles et qu'elle n'avait pas vocation à se substituer aux droits nationaux sur ce terrain.

On constate donc que les principaux droits individuels « civils et politiques » sont pris en considération par la Convention européenne des droits de l'Homme et ses Protocoles additionnels, mais que la lecture du texte ne suffit pas à mesurer la richesse des interprétations qui en sont offertes depuis l'origine par la Cour européenne des droits de l'Homme. Celle-ci a réussi à donner corps à des expressions souvent abstraites ou équivoques et s'efforce de maintenir un équilibre acceptable entre les exigences d'une protection effective des droits fondamentaux de l'individu, et celles d'une action légitime des États, inspirée et animée par des considérations d'intérêt général.

Parmi ces préoccupations contemporaines majeures figure sans aucun doute le maniement délicat du principe de non-discrimination dans la jouissance et dans l'exercice des droits garantis par la Convention de Rome. On rappellera à cet égard que l'article 14 de la Convention prohibe formellement les discriminations fondées (entre autres) sur « le sexe, la race, la couleur, la langue, la religion, les opinions politiques ou toutes autres opinions, l'origine nationale ou sociale, l'appartenance à une minorité nationale, la fortune, la naissance ou toute autre situation. »

Sur des bases aussi compréhensives, la Cour avait développé une jurisprudence constructive, n'acceptant les différences de traitement que lorsqu'elles reposaient sur des justifications objectives, au sein de situations analogues ou, en tout cas comparables, et en tenant compte du but et des effets des mesures discriminatoires en cause ainsi que du respect du principe de proportionnalité entre les moyens utilisés et les fins poursuivies.

Cette politique jurisprudentielle s'est trouvée rapidement confrontée au phénomène de l'immigration clandestine qui affecte nombre de pays européens. Un nouveau Protocole (n° 12) a été ouvert à la signature le 4 novembre 2000 et est entré en vigueur le 1er avril 2005. Il contient une clause générale d'interdiction de toute discrimination. En outre, il ne se borne pas à prohiber les discriminations dans la jouissance ou l'exercice des droits garantis par la Convention de Rome : il évoque plus largement la jouissance de « tout droit prévu par la loi » et porte donc le débat sur le terrain des droits nationaux eux-mêmes (ce qui explique sans doute la réticence de certains États qui ne l'ont pas signé, ou ne l'ont pas ratifié).

Le système mis en place sous l'égide de la Convention européenne des droits de l'Homme a-t-il trouvé son assise définitive ? Outre qu'elle a été amenée, ces dernières années, à devoir statuer sur des sujets aussi « délicats » que le droit à l'avortement (en dernier lieu, 16 décembre 2010, *A B C c. Irlande*), la présence de crucifix dans des salles de classe (18 mars 2011, *Lautsi c. Italie*), les discriminations de genre (22 mars 2012, *Konstantin Markin c. Russie*), à devoir trouver un compromis entre marge d'appréciation des États et défense des droits et libertés fondamentales inscrits dans la Convention européenne des droits de l'Homme, la Cour doit faire face à un avenir soumis à la nécessité aiguë d'une gestion toujours plus efficace des requêtes, et ce, avec des subsides limités.

Néanmoins, quel que soit le sens des évolutions en cours, la Convention européenne des droits de l'Homme et l'œuvre jurisprudentielle qui en anime et en oriente l'application depuis plus d'un demi-siècle resteront pour longtemps encore un modèle difficilement remplaçable, s'agissant de la protection des droits fondamentaux de la personne humaine.

Convention de sauvegarde des Droits de l'Homme et des libertés fondamentales

telle qu'amendée
par les Protocoles n° 11 et 14

Rome, 4 novembre 1950

Le texte de la Convention a été amendé par les dispositions du Protocole n° 14, à compter de la date de son entrée en vigueur le 1er juin 2010. Le texte de la Convention avait été précédemment amendé conformément aux dispositions du Protocole n° 3, entré en vigueur le 21 septembre 1970, du Protocole n° 5, entré en vigueur le 20 décembre 1971 et du Protocole n° 8, entré en vigueur le 1er janvier 1990, et comprenait en outre le texte du Protocole n° 2 qui, conformément à son article 5, paragraphe 3, avait fait partie intégrante de la Convention depuis son entrée en vigueur le 21 septembre 1970. Toutes les dispositions qui avaient été amendées ou ajoutées par ces Protocoles ont été remplacées par le Protocole n° 11, à compter de la date de son entrée en vigueur *le 1er novembre 1998. À compter de cette date, le Protocole n° 9, entré en vigueur le 1er octobre 1994, était abrogé et le Protocole n° 10 était devenu sans objet.*

Les gouvernements signataires, membres du Conseil de l'Europe,

Considérant la Déclaration universelle des Droits de l'Homme, proclamée par l'Assemblée générale des Nations unies le 10 décembre 1948;

Considérant que cette déclaration tend à assurer la reconnaissance et l'application universelles et effectives des droits qui y sont énoncés;

Considérant que le but du Conseil de l'Europe est de réaliser une union plus étroite entre ses membres, et que l'un des moyens d'atteindre ce but est la sauvegarde et le développement des droits de l'homme et des libertés fondamentales;

Réaffirmant leur profond attachement à ces libertés fondamentales qui constituent les assises mêmes de la justice et de la paix dans le monde et dont le maintien repose essentiellement sur un régime politique véritablement démocratique, d'une part, et, d'autre part, sur une conception commune et un commun respect des droits de l'homme dont ils se réclament;

Résolus, en tant que gouvernements d'États européens animés d'un même esprit et possédant un patrimoine commun d'idéal et de traditions politiques, de respect de la liberté et de prééminence du droit, à prendre les premières mesures propres à assurer la garantie collective de certains des droits énoncés dans la Déclaration universelle,

Sont convenus de ce qui suit :

Article 1er[1]. – Obligation de respecter les droits de l'homme. – Les Hautes Parties contractantes reconnaissent à toute personne relevant de leur juridiction les droits et libertés définis au titre I de la présente Convention :

TITRE I[1]. – DROITS ET LIBERTÉS

Art. 2[1]. – Droit à la vie[2]

1. Le droit de toute personne à la vie est protégé par la loi. La mort ne peut être infli-

1. Intitulé ajouté conformément aux dispositions du Protocole n° 11.

2. Cet article doit être lu en liaison avec les Protocoles n° 6 et n° 13 ci-après; il ne joue que dans la mesure où l'État concerné n'a pas signé ou ratifié le Protocole n° 13 ou, à défaut, le Protocole n° 6 (ce qui est le cas, à la date de publication de cet ouvrage, de la Russie). Sur l'état de la jurisprudence de la Cour en la matière, v. l'arrêt de Grande Chambre du 12 mai 2005, *Öcalan c. Turquie* (Req. n° 46221/99), not. n° 58, n° 151 et s.

gée à quiconque intentionnellement, sauf en exécution d'une sentence capitale prononcée par un tribunal au cas où le délit est puni de cette peine par la loi.

2. La mort n'est pas considérée comme infligée en violation de cet article dans les cas où elle résulterait d'un recours à la force rendu absolument nécessaire : **a)** pour assurer la défense de toute personne contre la violence illégale ; **b)** pour effectuer une arrestation régulière ou pour empêcher l'évasion d'une personne régulièrement détenue ; **c)** pour réprimer, conformément à la loi, une émeute ou une insurrection.

Art. 3[1]. – Interdiction de la torture. – Nul ne peut être soumis à la torture ni à des peines ou traitements inhumains ou dégradants.

Art. 4[1]. – Interdiction de l'esclavage et du travail forcé

1. Nul ne peut être tenu en esclavage ni en servitude.

2. Nul ne peut être astreint à accomplir un travail forcé ou obligatoire.

3. N'est pas considéré comme « travail forcé ou obligatoire » au sens du présent article : **a)** tout travail requis normalement d'une personne soumise à la détention dans

1. Intitulé ajouté conformément aux dispositions du Protocole n° 11.

les conditions prévues par l'article 5 de la présente Convention, ou durant sa mise en liberté conditionnelle ; **b)** tout service de caractère militaire ou, dans le cas d'objecteurs de conscience dans les pays où l'objection de conscience est reconnue comme légitime, à un autre service à la place du service militaire obligatoire ; **c)** tout service requis dans le cas de crises ou de calamités qui menacent la vie ou le bien-être de la communauté ; **d)** tout travail ou service formant partie des obligations civiques normales.

Art. 5[1]. – Droit à la liberté et à la sûreté

1. Toute personne a droit à la liberté et à la sûreté. Nul ne peut être privé de sa liberté, sauf dans les cas suivants et selon les voies légales : **a)** s'il est détenu régulièrement après condamnation par un tribunal compétent ; **b)** s'il a fait l'objet d'une arrestation ou d'une détention régulières pour insoumission à une ordonnance rendue, conformément à la loi, par un tribunal ou en vue de garantir l'exécution d'une obligation prescrite par la loi ; **c)** s'il a été arrêté et détenu en vue d'être conduit devant l'autorité judiciaire compétente, lorsqu'il y a des raisons plausibles de soupçonner qu'il a commis une infraction ou

1. Intitulé ajouté conformément aux dispositions du Protocole n° 11.

qu'il y a des motifs raisonnables de croire à la nécessité de l'empêcher de commettre une infraction ou de s'enfuir après l'accomplissement de celle-ci ; **d)** s'il s'agit de la détention régulière d'un mineur, décidée pour son éducation surveillée ou de sa détention régulière, afin de le traduire devant l'autorité compétente ; **e)** s'il s'agit de la détention régulière d'une personne susceptible de propager une maladie contagieuse, d'un aliéné, d'un alcoolique, d'un toxicomane ou d'un vagabond ; **f)** s'il s'agit de l'arrestation ou de la détention régulières d'une personne pour l'empêcher de pénétrer irrégulièrement dans le territoire, ou contre laquelle une procédure d'expulsion ou d'extradition est en cours.

2. Toute personne arrêtée doit être informée, dans le plus court délai et dans une langue qu'elle comprend, des raisons de son arrestation et de toute accusation portée contre elle.

3. Toute personne arrêtée ou détenue, dans les conditions prévues au paragraphe 1, c, du présent article, doit être aussitôt traduite devant un juge ou un autre magistrat habilité par la loi à exercer des fonctions judiciaires et a le droit d'être jugée dans un délai raisonnable, ou libérée pendant la procédure. La mise en liberté peut être subordonnée à une garantie assurant la comparution de l'intéressé à l'audience.

4. Toute personne privée de sa liberté par arrestation ou détention a le droit d'introduire un recours devant un tribunal, afin qu'il statue à bref délai sur la légalité de sa détention et ordonne sa libération si la détention est illégale.

5. Toute personne victime d'une arrestation ou d'une détention dans des conditions contraires aux dispositions de cet article a droit à réparation.

Art. 6[1]. – Droit à un procès équitable

1. Toute personne a droit à ce que sa cause soit entendue équitablement, publiquement et dans un délai raisonnable, par un tribunal indépendant et impartial, établi par la loi, qui décidera, soit des contestations sur ses droits et obligations de caractère civil, soit du bien-fondé de toute accusation en matière pénale dirigée contre elle. Le jugement doit être rendu publiquement, mais l'accès de la salle d'audience peut être interdit à la presse et au public pendant la totalité ou une partie du procès dans l'intérêt de la moralité, de l'ordre public ou de la sécurité nationale dans une société démocratique, lorsque les intérêts

1. Intitulé ajouté conformément aux dispositions du Protocole nº 11

des mineurs ou la protection de la vie privée des parties au procès l'exigent, ou dans la mesure jugée strictement nécessaire par le tribunal, lorsque dans des circonstances spéciales la publicité serait de nature à porter atteinte aux intérêts de la justice.

2. Toute personne accusée d'une infraction est présumée innocente jusqu'à ce que sa culpabilité ait été légalement établie.

3. Tout accusé a droit notamment à : **a)** être informé, dans le plus court délai, dans une langue qu'il comprend et d'une manière détaillée, de la nature et de la cause de l'accusation portée contre lui ; **b)** disposer du temps et des facilités nécessaires à la préparation de sa défense ; **c)** se défendre lui-même ou avoir l'assistance d'un défenseur de son choix et, s'il n'a pas les moyens de rémunérer un défenseur, pouvoir être assisté gratuitement par un avocat d'office, lorsque les intérêts de la justice l'exigent ; **d)** interroger ou faire interroger les témoins à charge et obtenir la convocation et l'interrogation des témoins à décharge dans les mêmes conditions que les témoins à charge ; **e)** se faire assister gratuitement d'un interprète, s'il ne comprend pas ou ne parle pas la langue employée à l'audience.

Art. 7[1] – Pas de peine sans loi

1. Nul ne peut être condamné pour une action ou une omission qui, au moment où elle a été commise, ne constituait pas une infraction d'après le droit national ou international. De même il n'est infligé aucune peine plus forte que celle qui était applicable au moment où l'infraction a été commise.

2. Le présent article ne portera pas atteinte au jugement et à la punition d'une personne coupable d'une action ou d'une omission qui, au moment où elle a été commise, était criminelle d'après les principes généraux de droit reconnus par les nations civilisées.

Art. 8[2]. – Droit au respect de la vie privée et familiale

1. Toute personne a droit au respect de sa vie privée et familiale, de son domicile et de sa correspondance.

2. Il ne peut y avoir ingérence d'une autorité publique dans l'exercice de ce droit que pour autant que cette ingérence est prévue par la loi et qu'elle constitue une mesure qui, dans une société démocratique, est nécessaire à la sécurité nationale, à la sûreté publique, au bien-être économique du pays, à la défense

1. Intitulé ajouté conformément aux dispositions du Protocole n° 11.

2. Intitulé ajouté conformément aux dispositions du Protocole n° 11.

de l'ordre et à la prévention des infractions pénales, à la protection de la santé ou de la morale, ou à la protection des droits et libertés d'autrui.

Art. 9[1]. – Liberté de pensée, de conscience et de religion

1. Toute personne a droit à la liberté de pensée, de conscience et de religion ; ce droit implique la liberté de changer de religion ou de conviction, ainsi que la liberté de manifester sa religion ou sa conviction individuellement ou collectivement, en public ou en privé, par le culte, l'enseignement, les pratiques et l'accomplissement des rites.

2. La liberté de manifester sa religion ou ses convictions ne peut faire l'objet d'autres restrictions que celles qui, prévues par la loi, constituent des mesures nécessaires, dans une société démocratique, à la sécurité publique, à la protection de l'ordre, de la santé ou de la morale publiques, ou à la protection des droits et libertés d'autrui.

Art. 10[1]. – Liberté d'expression

1. Toute personne a droit à la liberté d'expression. Ce droit comprend la liberté d'opinion et la liberté de recevoir ou de communiquer des informations ou des idées

1. Intitulé ajouté conformément aux dispositions du Protocole n° 11.

sans qu'il puisse y avoir ingérence d'autorités publiques et sans considération de frontière. Le présent article n'empêche pas les États de soumettre les entreprises de radiodiffusion, de cinéma ou de télévision à un régime d'autorisations.

2. L'exercice de ces libertés comportant des devoirs et des responsabilités peut être soumis à certaines formalités, conditions, restrictions ou sanctions prévues par la loi, qui constituent des mesures nécessaires, dans une société démocratique, à la sécurité nationale, à l'intégrité territoriale ou à la sûreté publique, à la défense de l'ordre et à la prévention du crime, à la protection de la santé ou de la morale, à la protection de la réputation ou des droits d'autrui, pour empêcher la divulgation d'informations confidentielles ou pour garantir l'autorité et l'impartialité du pouvoir judiciaire.

Art. 11[1]. – Liberté de réunion et d'association

1. Toute personne a droit à la liberté de réunion pacifique et à la liberté d'association, y compris le droit de fonder avec d'autres des syndicats et de s'affilier à des syndicats pour la défense de ses intérêts.

1. Intitulé ajouté conformément aux dispositions du Protocole n° 11.

2. L'exercice de ces droits ne peut faire l'objet d'autres restrictions que celles qui, prévues par la loi, constituent des mesures nécessaires, dans une société démocratique, à la sécurité nationale, à la sûreté publique, à la défense de l'ordre et à la prévention du crime, à la protection de la santé ou de la morale, ou à la protection des droits et libertés d'autrui. Le présent article n'interdit pas que des restrictions légitimes soient imposées à l'exercice de ces droits par les membres des forces armées, de la police ou de l'administration de l'État.

Art. 12[1]. – Droit au mariage. – À partir de l'âge nubile, l'homme et la femme ont le droit de se marier et de fonder une famille selon les lois nationales régissant l'exercice de ce droit.

Art. 13[1]. – Droit à un recours effectif. – Toute personne dont les droits et libertés reconnus dans la présente Convention ont été violés, a droit à l'octroi d'un recours effectif devant une instance nationale, alors même que la violation aurait été commise par des personnes agissant dans l'exercice de leurs fonctions officielles.

1. Intitulé ajouté conformément aux dispositions du Protocole n° 11.

Art. 14[1]. – Interdiction de discrimination. – La jouissance des droits et libertés reconnus dans la présente Convention doit être assurée, sans distinction aucune, fondée notamment sur le sexe, la race, la couleur, la langue, la religion, les opinions politiques ou toutes autres opinions, l'origine nationale ou sociale, l'appartenance à une minorité nationale, la fortune, la naissance ou toute autre situation.

Art. 15[1]. – Dérogation en cas d'état d'urgence

1. En cas de guerre ou en cas d'autre danger public menaçant la vie de la nation, toute Haute Partie contractante peut prendre des mesures dérogeant aux obligations prévues par la présente Convention, dans la stricte mesure où la situation l'exige et à la condition que ces mesures ne soient pas en contradiction avec les autres obligations découlant du droit international.

2. La disposition précédente n'autorise aucune dérogation à l'article 2, sauf pour le cas de décès résultant d'actes licites de guerre, et aux articles 3, 4 (paragraphe 1) et 7.

3. Toute Haute Partie contractante qui exerce ce droit de dérogation tient le Secré-

1. Intitulé ajouté conformément aux dispositions du Protocole n° 11.

taire général du Conseil de l'Europe pleinement informé des mesures prises et des motifs qui les ont inspirées. Elle doit également informer le Secrétaire général du Conseil de l'Europe de la date à laquelle ces mesures ont cessé d'être en vigueur et les dispositions de la Convention reçoivent de nouveau pleine application.

Art. 16[1]. – Restrictions à l'activité politique des étrangers. – Aucune des dispositions des articles 10, 11 et 14 ne peut être considérée comme interdisant aux Hautes Parties contractantes d'imposer des restrictions à l'activité politique des étrangers.

Art. 17[1]. – Interdiction de l'abus de droit. – Aucune des dispositions de la présente Convention ne peut être interprétée comme impliquant pour un État, un groupement ou un individu, un droit quelconque de se livrer à une activité ou d'accomplir un acte visant à la destruction des droits ou libertés reconnus dans la présente Convention ou à des limitations plus amples de ces droits et libertés que celles prévues à ladite Convention.

Art. 18[1]. – Limitation de l'usage des restrictions aux droits. – Les restrictions qui, aux termes de la présente Convention, sont

1. Intitulé ajouté conformément aux dispositions du Protocole n° 11.

apportées auxdits droits et libertés ne peuvent être appliquées que dans le but pour lequel elles ont été prévues.

TITRE II[1]. – COUR EUROPÉENNE DES DROITS DE L'HOMME

Art. 19. – Institution de la Cour. – Afin d'assurer le respect des engagements résultant pour les Hautes Parties contractantes de la présente Convention et de ses protocoles, il est institué une Cour européenne des Droits de l'Homme, ci-dessous nommée « la Cour ». Elle fonctionne de façon permanente.

Art. 20. – Nombre de juges. – La Cour se compose d'un nombre de juges égal à celui des Hautes Parties contractantes.

Art. 21. – Conditions d'exercice des fonctions

1. Les juges doivent jouir de la plus haute considération morale et réunir les conditions requises pour l'exercice de hautes fonctions judiciaires ou être des jurisconsultes possédant une compétence notoire.

2. Les juges siègent à la Cour à titre individuel.

1. Nouveau Titre II conformément aux dispositions du Protocole n° 11.

3. Pendant la durée de leur mandat, les juges ne peuvent exercer aucune activité incompatible avec les exigences d'indépendance, d'impartialité ou de disponibilité requise par une activité exercée à plein-temps ; toute question soulevée en application de ce paragraphe est tranchée par la Cour.

Art. 22[1]. – Élection des juges – Les juges sont élus par l'Assemblée parlementaire au titre de chaque Haute Partie contractante, à la majorité des voix exprimées, sur une liste de trois candidats présentés par la Haute Partie contractante.

Art. 23[2]. – Durée du mandat et révocation

1. Les juges sont élus pour une durée de neuf ans. Ils ne sont pas rééligibles.

2. Le mandat des juges s'achève dès qu'ils atteignent l'âge de 70 ans.

3. Les juges restent en fonction jusqu'à leur remplacement. Ils continuent toutefois de connaître des affaires dont ils sont déjà saisis.

4. Un juge ne peut être relevé de ses fonctions que si les autres juges décident, à la majorité des deux tiers, que ce juge a cessé de répondre aux conditions requises.

1. Texte amendé conformément aux dispositions du Protocole n° 14.

2. Article renuméroté, intitulé et texte amendés conformément aux dispositions du Protocole n° 14.

Art. 24[1]**. – Greffe et rapporteurs**

1. La Cour dispose d'un greffe dont les tâches et l'organisation sont fixées par le règlement de la Cour.

2. Lorsqu'elle siège en formation de juge unique, la Cour est assistée de rapporteurs qui exercent leurs fonctions sous l'autorité du président de la Cour. Ils font partie du greffe de la Cour.

Art. 25[1]**. – Assemblée plénière** – La Cour réunie en Assemblée plénière : **a)** élit, pour une durée de trois ans, son président et un ou deux vice-présidents ; ils sont rééligibles ; **b)** constitue des Chambres pour une période déterminée ; **c)** élit les présidents des Chambres de la Cour, qui sont rééligibles ; **d)** adopte le règlement de la Cour ; **e)** élit le greffier et un ou plusieurs greffiers adjoints ; **f)** fait toute demande au titre de l'article 26, paragraphe 2.

Art. 26[1]**. – Formations de juge unique, comités, Chambres et Grande chambre**

1. Pour l'examen des affaires portées devant elle, la Cour siège en formations de juge unique, en comités de trois juges, en Chambres de sept juges et en une Grande Chambre de dix-sept juges. Les Chambres

1. Article renuméroté, intitulé et texte amendés conformément aux dispositions du Protocole n° 14.

de la Cour constituent les comités pour une période déterminée.

2. À la demande de l'Assemblée plénière de la Cour, le Comité des ministres peut, par une décision unanime et pour une période déterminée, réduire à cinq le nombre de juges des Chambres.

3. Un juge siégeant en tant que juge unique n'examine aucune requête introduite contre la Haute Partie contractante au titre de laquelle ce juge a été élu.

4. Le juge élu au titre d'une Haute Partie contractante partie au litige est membre de droit de la Chambre et de la Grande Chambre. En cas d'absence de ce juge, ou lorsqu'il n'est pas en mesure de siéger, une personne choisie par le président de la Cour sur une liste soumise au préalable par cette Partie siège en qualité de juge.

5. Font aussi partie de la Grande Chambre, le président de la Cour, les vice-présidents, les présidents des Chambres et d'autres juges désignés conformément au règlement de la Cour. Quand l'affaire est déférée à la Grande Chambre en vertu de l'article 43, aucun juge de la Chambre qui a rendu l'arrêt ne peut y siéger, à l'exception du président de la Chambre et du juge ayant siégé au titre de la Haute Partie contractante intéressée.

Art. 27[1]. – Compétence des juges uniques

1. Un juge unique peut déclarer une requête introduite en vertu de l'article 34 irrecevable ou la rayer du rôle lorsqu'une telle décision peut être prise sans examen complémentaire.

2. La décision est définitive.

3. Si le juge unique ne déclare pas une requête irrecevable ou ne la raye pas du rôle, ce juge la transmet à un comité ou à une Chambre pour examen complémentaire.

Art. 28[2]. – Compétence des comités

1. Un comité saisi d'une requête individuelle introduite en vertu de l'article 34 peut, par vote unanime,

a) la déclarer irrecevable ou la rayer du rôle lorsqu'une telle décision peut être prise sans examen complémentaire ; ou **b)** la déclarer recevable et rendre conjointement un arrêt sur le fond lorsque la question relative à l'interprétation ou à l'application de la Convention ou de ses Protocoles qui est à l'origine de l'affaire fait l'objet d'une jurisprudence bien établie de la Cour.

2. Les décisions et arrêts prévus au paragraphe 1 sont définitifs.

1. Nouvel article conformément aux dispositions du Protocole n° 14.

2. Intitulé et texte amendés conformément aux dispositions du Protocole n° 14.

3. Si le juge élu au titre de la Haute Partie contractante partie au litige n'est pas membre du comité, ce dernier peut, à tout moment de la procédure, l'inviter à siéger en son sein en lieu et place de l'un de ses membres, en prenant en compte tous facteurs pertinents, y compris la question de savoir si cette Partie a contesté l'application de la procédure du paragraphe 1.b.

Art. 29[1]. – Décisions des Chambres sur la recevabilité et le fond

1. Si aucune décision n'a été prise en vertu des articles 27 ou 28, ni aucun arrêt rendu en vertu de l'article 28, une Chambre se prononce sur la recevabilité et le fond des requêtes individuelles introduites en vertu de l'article 34. La décision sur la recevabilité peut être prise de façon séparée.

2. Une Chambre se prononce sur la recevabilité et le fond des requêtes étatiques introduites en vertu de l'article 33. Sauf décision contraire de la Cour dans des cas exceptionnels, la décision sur la recevabilité est prise séparément.

Art. 30. – Dessaisissement en faveur de la Grande Chambre. – Si l'affaire pendante devant une Chambre soulève une question

1. Texte amendé conformément aux dispositions du Protocole n° 14.

grave relative à l'interprétation de la Convention ou de ses protocoles, ou si la solution d'une question peut conduire à une contradiction avec un arrêt rendu antérieurement par la Cour, la Chambre peut, tant qu'elle n'a pas rendu son arrêt, se dessaisir au profit de la Grande Chambre, à moins que l'une des parties ne s'y oppose.

Art. 31[1]. – Attributions de la Grande Chambre

La Grande Chambre **a)** se prononce sur les requêtes introduites en vertu de l'article 33 ou de l'article 34 lorsque l'affaire lui a été déférée par la Chambre en vertu de l'article 30 ou lorsque l'affaire lui a été déférée en vertu de l'article 43; **b)** se prononce sur les questions dont la Cour est saisie par le Comité des ministres en vertu de l'article 46, paragraphe 4; et **c)** examine les demandes d'avis consultatifs introduites en vertu de l'article 47.

Art. 32[1]. – Compétence de la Cour

1. La compétence de la Cour s'étend à toutes les questions concernant l'interprétation et l'application de la Convention et de ses protocoles qui lui seront soumises dans les conditions prévues par les articles 33, 34, 46 et 47.

1. Texte amendé conformément aux dispositions du Protocole n° 14.

2. En cas de contestation sur le point de savoir si la Cour est compétente, la Cour décide.

Art. 33. – Affaires interétatiques. – Toute Haute Partie contractante peut saisir la Cour de tout manquement aux dispositions de la Convention et de ses protocoles qu'elle croira pouvoir être imputé à une autre Haute Partie contractante.

Art. 34. – Requêtes individuelles. – La Cour peut être saisie d'une requête par toute personne physique, toute organisation non gouvernementale ou tout groupe de particuliers qui se prétend victime d'une violation par l'une des Hautes Parties contractantes des droits reconnus dans la Convention ou ses protocoles. Les Hautes Parties contractantes s'engagent à n'entraver par aucune mesure l'exercice efficace de ce droit.

Art. 35[1]. – Conditions de recevabilité

1. La Cour ne peut être saisie qu'après l'épuisement des voies de recours internes, tel qu'il est entendu selon les principes de droit international généralement reconnus, et dans un délai de six mois à partir de la date de la décision interne définitive.

1. Texte amendé conformément aux dispositions du Protocole n° 14.

2. La Cour ne retient aucune requête individuelle introduite en application de l'article 34, lorsque : **a)** elle est anonyme ; ou **b)** elle est essentiellement la même qu'une requête précédemment examinée par la Cour ou déjà soumise à une autre instance internationale d'enquête ou de règlement, et si elle ne contient pas de faits nouveaux.

3. La Cour déclare irrecevable toute requête individuelle introduite en application de l'article 34, lorsqu'elle estime : **a)** que la requête est incompatible avec les dispositions de la Convention ou de ses protocoles, manifestement mal fondée ou abusive ; ou

b) que le requérant n'a subi aucun préjudice important, sauf si le respect des droits de l'homme garantis par la Convention et ses Protocoles exige un examen de la requête au fond et à condition de ne rejeter pour ce motif aucune affaire qui n'a pas été dûment examinée par un tribunal interne.

4. La Cour rejette toute requête qu'elle considère comme irrecevable par application du présent article. Elle peut procéder ainsi à tout stade de la procédure.

Art. 36[1]. – Tierce intervention

1. Dans toute affaire devant une Chambre ou la Grande Chambre, une Haute Partie

1. Texte amendé conformément aux dispositions du Protocole n° 14.

contractante dont un ressortissant est requérant a le droit de présenter des observations écrites et de prendre part aux audiences.

2. Dans l'intérêt d'une bonne administration de la justice, le président de la Cour peut inviter toute Haute Partie contractante qui n'est pas partie à l'instance ou toute personne intéressée autre que le requérant à présenter des observations écrites ou à prendre part aux audiences.

3. Dans toute affaire devant une Chambre ou la Grande Chambre, le Commissaire aux Droits de l'Homme du Conseil de l'Europe peut présenter des observations écrites et prendre part aux audiences.

Art. 37. – Radiation

1. À tout moment de la procédure, la Cour peut décider de rayer une requête du rôle lorsque les circonstances permettent de conclure : **a)** que le requérant n'entend plus la maintenir ; ou **b)** que le litige a été résolu ; ou **c)** que, pour tout autre motif dont la Cour constate l'existence, il ne se justifie plus de poursuivre l'examen de la requête. Toutefois, la Cour poursuit l'examen de la requête si le respect des droits de l'homme garantis par la Convention et ses protocoles l'exige.

2. La Cour peut décider la réinscription au rôle d'une requête lorsqu'elle estime que les circonstances le justifient.

Art. 38[1]. – Examen contradictoire de l'affaire

La Cour examine l'affaire de façon contradictoire avec les représentants des parties et, s'il y a lieu, procède à une enquête pour la conduite efficace de laquelle les Hautes Parties contractantes intéressées fourniront toutes facilités nécessaires.

Art. 39[2]. – Règlements amiables

1. À tout moment de la procédure, la Cour peut se mettre à la disposition des intéressés en vue de parvenir à un règlement amiable de l'affaire s'inspirant du respect des droits de l'homme tels que les reconnaissent la Convention et ses Protocoles.

2. La procédure décrite au paragraphe 1 est confidentielle.

3. En cas de règlement amiable, la Cour raye l'affaire du rôle par une décision qui se limite à un bref exposé des faits et de la solution adoptée.

4. Cette décision est transmise au Comité des ministres qui surveille l'exécution des termes du règlement amiable tels qu'ils figurent dans la décision.

1. Intitulé et texte amendés conformément aux dispositions du Protocole n° 14.

2. Intitulé et texte amendés conformément aux dispositions du Protocole n° 14.

Art. 40. – Audience publique et accès aux documents

1. L'audience est publique à moins que la Cour n'en décide autrement en raison de circonstances exceptionnelles.

2. Les documents déposés au greffe sont accessibles au public à moins que le président de la Cour n'en décide autrement.

Art. 41. – Satisfaction équitable. – Si la Cour déclare qu'il y a eu violation de la Convention ou de ses protocoles, et si le droit interne de la Haute Partie contractante ne permet d'effacer qu'imparfaitement les conséquences de cette violation, la Cour accorde à la partie lésée, s'il y a lieu, une satisfaction équitable.

Art. 42. – Arrêts des Chambres. – Les arrêts des Chambres deviennent définitifs conformément aux dispositions de l'article 44, paragraphe 2.

Art. 43. – Renvoi devant la Grande Chambre

1. Dans un délai de trois mois à compter de la date de l'arrêt d'une Chambre, toute partie à l'affaire peut, dans des cas exceptionnels, demander le renvoi de l'affaire devant la Grande Chambre.

2. Un collège de cinq juges de la Grande Chambre accepte la demande si l'affaire soulève une question grave relative à l'interprétation ou à l'application de la Convention ou de ses protocoles, ou encore une question grave de caractère général.

3. Si le collège accepte la demande, la Grande Chambre se prononce sur l'affaire par un arrêt.

Art. 44. – Arrêts définitifs

1. L'arrêt de la Grande Chambre est définitif.

2. L'arrêt d'une Chambre devient définitif : **a)** lorsque les parties déclarent qu'elles ne demanderont pas le renvoi de l'affaire devant la Grande Chambre ; ou **b)** trois mois après la date de l'arrêt, si le renvoi de l'affaire devant la Grande Chambre n'a pas été demandé ; ou **c)** lorsque le collège de la Grande Chambre rejette la demande de renvoi formulée en application de l'article 43.

3. L'arrêt définitif est publié.

Art. 45. – Motivation des arrêts et décisions

1. Les arrêts, ainsi que les décisions déclarant des requêtes recevables ou irrecevables, sont motivés.

2. Si l'arrêt n'exprime pas en tout ou en partie l'opinion unanime des juges, tout juge a le droit d'y joindre l'exposé de son opinion séparée.

Art. 46[1]. – Force obligatoire et exécution des arrêts

1. Les Hautes Parties contractantes s'engagent à se conformer aux arrêts définitifs de la Cour dans les litiges auxquels elles sont parties.

2. L'arrêt définitif de la Cour est transmis au Comité des ministres qui en surveille l'exécution.

3. Lorsque le Comité des ministres estime que la surveillance de l'exécution d'un arrêt définitif est entravée par une difficulté d'interprétation de cet arrêt, il peut saisir la Cour afin qu'elle se prononce sur cette question d'interprétation. La décision de saisir la Cour est prise par un vote à la majorité des deux tiers des représentants ayant le droit de siéger au Comité.

4. Lorsque le Comité des ministres estime qu'une Haute Partie contractante refuse de se conformer à un arrêt définitif dans un litige auquel elle est partie, il peut, après avoir mis en demeure cette Partie et par décision prise par un vote à la majorité des deux tiers des représentants ayant le droit de siéger au Comité, saisir la Cour de la question du res-

1. Texte amendé conformément aux dispositions du Protocole n° 14.

pect par cette Partie de son obligation au regard du paragraphe 1.

5. Si la Cour constate une violation du paragraphe 1, elle renvoie l'affaire au Comité des ministres afin qu'il examine les mesures à prendre. Si la Cour constate qu'il n'y a pas eu violation du paragraphe 1, elle renvoie l'affaire au Comité des ministres, qui décide de clore son examen.

Art. 47. – Avis consultatifs

1. La Cour peut, à la demande du Comité des ministres, donner des avis consultatifs sur des questions juridiques concernant l'interprétation de la Convention et de ses protocoles.

2. Ces avis ne peuvent porter ni sur les questions ayant trait au contenu ou à l'étendue des droits et libertés définis au titre I de la Convention et dans les protocoles ni sur les autres questions dont la Cour ou le Comité des ministres pourraient avoir à connaître par suite de l'introduction d'un recours prévu par la Convention.

3. La décision du Comité des ministres de demander un avis à la Cour est prise par un vote à la majorité des représentants ayant le droit de siéger au Comité.

Art. 48. – Compétence consultative de la Cour. – La Cour décide si la demande d'avis consultatif présentée par le Comité des ministres relève de sa compétence telle que définie par l'article 47.

Art. 49. – Motivation des avis consultatifs

1. L'avis de la Cour est motivé.

2. Si l'avis n'exprime pas en tout ou en partie l'opinion unanime des juges, tout juge a le droit d'y joindre l'exposé de son opinion séparée.

3. L'avis de la Cour est transmis au Comité des ministres.

Art. 50. – Frais de fonctionnement de la Cour. – Les frais de fonctionnement de la Cour sont à la charge du Conseil de l'Europe.

Art. 51. – Privilèges et immunités des juges. – Les juges jouissent, pendant l'exercice de leurs fonctions, des privilèges et immunités prévus à l'article 40 du Statut du Conseil de l'Europe et dans les accords conclus au titre de cet article.

TITRE III[1,2]. – DISPOSITIONS DIVERSES

Art. 52. – Enquêtes du Secrétaire général. – Toute Haute Partie contractante fournira sur demande du Secrétaire général du Conseil

1. Intitulé ajouté conformément aux dispositions du Protocole n° 11.
2. Les articles de ce Titre sont renumérotés conformément aux dispositions du Protocole n° 11.

de l'Europe les explications requises sur la manière dont son droit interne assure l'application effective de toutes les dispositions de cette Convention.

Art. 53. – Sauvegarde des droits de l'homme reconnus. – Aucune des dispositions de la présente Convention ne sera interprétée comme limitant ou portant atteinte aux droits de l'homme et aux libertés fondamentales qui pourraient être reconnus conformément aux lois de toute Partie contractante ou à toute autre Convention à laquelle cette Partie contractante est partie.

Art. 54[1]. – Pouvoirs du Comité des ministres. – Aucune disposition de la présente Convention ne porte atteinte aux pouvoirs conférés au Comité des ministres par le Statut du Conseil de l'Europe.

Art. 55. – Renonciation à d'autres modes de règlement des différends

Les Hautes Parties contractantes renoncent réciproquement, sauf compromis spécial, à se prévaloir des traités, conventions ou déclarations existant entre elles, en vue de soumettre, par voie de requête, un différend né de l'interprétation ou de l'application de la présente Convention à un mode de

1. Intitulé ajouté conformément aux dispositions du Protocole n° 11.

règlement autre que ceux prévus par ladite Convention.

Art. 56. – Application territoriale

1[1]. Tout État peut, au moment de la ratification ou à tout autre moment par la suite, déclarer, par notification adressée au Secrétaire général du Conseil de l'Europe, que la présente Convention s'appliquera, sous réserve du paragraphe 4 du présent article, à tous les territoires ou à l'un quelconque des territoires dont il assure les relations internationales.

2. La Convention s'appliquera au territoire ou aux territoires désignés dans la notification à partir du trentième jour qui suivra la date à laquelle le Secrétaire général du Conseil de l'Europe aura reçu cette notification.

3. Dans lesdits territoires les dispositions de la présente Convention seront appliquées en tenant compte des nécessités locales.

4[2]. Tout État qui a fait une déclaration conformément au premier paragraphe de cet article, peut, à tout moment par la suite, déclarer relativement à un ou plusieurs des territoires visés dans cette déclaration qu'il

1. Texte amendé conformément aux dispositions du Protocole n° 11.

2. Texte amendé conformément aux dispositions du Protocole n° 11.

accepte la compétence de la Cour pour connaître des requêtes de personnes physiques, d'organisations non gouvernementales ou de groupes de particuliers, comme le prévoit l'article 34 de la Convention.

Art. 57[1]. – Réserves

1. Tout État peut, au moment de la signature de la présente Convention ou du dépôt de son instrument de ratification, formuler une réserve au sujet d'une disposition particulière de la Convention, dans la mesure où une loi alors en vigueur sur son territoire n'est pas conforme à cette disposition. Les réserves de caractère général ne sont pas autorisées aux termes du présent article.

2. Toute réserve émise conformément au présent article comporte un bref exposé de la loi en cause.

Art. 58[2]. – Dénonciation

1. Une Haute Partie contractante ne peut dénoncer la présente Convention qu'après l'expiration d'un délai de cinq ans à partir de la date d'entrée en vigueur de la Convention à son égard et moyennant un préavis de six mois, donné par une notification adressée au Secrétaire général du Conseil de

1. Intitulé ajouté conformément aux dispositions du Protocole n° 11.

2. Texte amendé conformément aux dispositions du Protocole n° 11.

l'Europe, qui en informe les autres Parties contractantes.

2. Cette dénonciation ne peut avoir pour effet de délier la Haute Partie contractante intéressée des obligations contenues dans la présente Convention en ce qui concerne tout fait qui, pouvant constituer une violation de ces obligations, aurait été accompli par elle antérieurement à la date à laquelle la dénonciation produit effet.

3. Sous la même réserve cesserait d'être Partie à la présente Convention toute Partie contractante qui cesserait d'être membre du Conseil de l'Europe.

4. La Convention peut être dénoncée conformément aux dispositions des paragraphes précédents en ce qui concerne tout territoire auquel elle a été déclarée applicable aux termes de l'article 56.

Art. 59[1,2]. – Signature et ratification

1. La présente Convention est ouverte à la signature des membres du Conseil de l'Europe. Elle sera ratifiée. Les ratifications seront déposées près le Secrétaire général du Conseil de l'Europe.

1. Intitulé ajouté conformément aux dispositions du Protocole n° 11.

2. Texte amendé conformément aux dispositions du Protocole n° 14.

2. L'Union européenne peut adhérer à la présente Convention.

3. La présente Convention entrera en vigueur après le dépôt de dix instruments de ratification.

4. Pour tout signataire qui la ratifiera ultérieurement, la Convention entrera en vigueur dès le dépôt de l'instrument de ratification.

5. Le Secrétaire général du Conseil de l'Europe notifiera à tous les membres du Conseil de l'Europe l'entrée en vigueur de la Convention, les noms des Hautes Parties contractantes qui l'auront ratifiée, ainsi que le dépôt de tout instrument de ratification intervenu ultérieurement.

Fait à Rome, le 4 novembre 1950, en français et en anglais, les deux textes faisant également foi, en un seul exemplaire qui sera déposé dans les archives du Conseil de l'Europe. Le Secrétaire général du Conseil de l'Europe en communiquera des copies certifiées conformes à tous les signataires.

Protocole additionnel (n° 1)[1] à la Convention de sauvegarde des Droits de l'Homme et des libertés fondamentales[2]

tel qu'amendé par le Protocole n° 11

Paris, 20 mars 1952

Intitulés d'articles ajoutés et texte amendé conformément aux dispositions du Protocole n° 11, à compter de son entrée en vigueur, le 1er novembre 1998.

Les gouvernements signataires, membres du Conseil de l'Europe,

Résolus à prendre des mesures propres à assurer la garantie collective de droits et libertés autres que ceux qui figurent déjà dans le titre I de la Convention de sauvegarde des Droits de l'Homme et des Libertés fonda-

1. Ratification par la France le 3 mai 1974 ; entrée en vigueur le 3 mai 1974.

2. Le Protocole additionnel à la Convention énonce de nouveaux droits qui complètent ceux qui figurent dans la Convention, notamment, droit au respect de la propriété, droit à l'instruction, droit à des élections libres au scrutin secret.

mentales, signée à Rome le 4 novembre 1950 (ci-après dénommée « la Convention »),

Sont convenus de ce qui suit :

Article 1er. – Protection de la propriété

Toute personne physique ou morale a droit au respect de ses biens. Nul ne peut être privé de sa propriété que pour cause d'utilité publique et dans les conditions prévues par la loi et les principes généraux du droit international.

Les dispositions précédentes ne portent pas atteinte au droit que possèdent les États de mettre en vigueur les lois qu'ils jugent nécessaires pour réglementer l'usage des biens conformément à l'intérêt général ou pour assurer le paiement des impôts ou d'autres contributions ou des amendes.

Art. 2. – Droit à l'instruction. – Nul ne peut se voir refuser le droit à l'instruction. L'État, dans l'exercice des fonctions qu'il assumera dans le domaine de l'éducation et de l'enseignement, respectera le droit des parents d'assurer cette éducation et cet enseignement conformément à leurs convictions religieuses et philosophiques.

Art. 3. – Droit à des élections libres. – Les Hautes Parties contractantes s'engagent à organiser, à des intervalles raisonnables, des élections libres au scrutin secret, dans les conditions qui assurent la libre expression de l'opinion du peuple sur le choix du corps législatif.

Art. 4[1]. – Application territoriale. – Toute Haute Partie contractante peut, au moment de la signature ou de la ratification du présent protocole ou à tout moment par la suite, communiquer au Secrétaire général du Conseil de l'Europe une déclaration indiquant la mesure dans laquelle elle s'engage à ce que les dispositions du présent protocole s'appliquent à tels territoires qui sont désignés dans ladite déclaration et dont elle assure les relations internationales.

Toute Haute Partie contractante qui a communiqué une déclaration en vertu du paragraphe précédent peut, de temps à autre, communiquer une nouvelle déclaration modifiant les termes de toute déclaration antérieure ou mettant fin à l'application des dispositions du présent protocole sur un territoire quelconque.

Une déclaration faite conformément au présent article sera considérée comme ayant été faite conformément au paragraphe 1 de l'article 56 de la Convention.

1. Texte amendé conformément aux dispositions du Protocole n° 11.

Art. 5. – Relations avec la Convention

Les Hautes Parties contractantes considéreront les articles 1er, 2, 3 et 4 de ce protocole comme des articles additionnels à la Convention et toutes les dispositions de la Convention s'appliqueront en conséquence.

Art. 6. – Signature et ratification

Le présent protocole est ouvert à la signature des membres du Conseil de l'Europe, signataires de la Convention; il sera ratifié en même temps que la Convention ou après la ratification de celle-ci. Il entrera en vigueur après le dépôt de dix instruments de ratification. Pour tout signataire qui le ratifiera ultérieurement, le protocole entrera en vigueur dès le dépôt de l'instrument de ratification.

Les instruments de ratification seront déposés près le Secrétaire général du Conseil de l'Europe qui notifiera à tous les membres les noms de ceux qui l'auront ratifié.

Fait à Paris, le 20 mars 1952, en français et en anglais, les deux textes faisant également foi, en un seul exemplaire qui sera déposé dans les archives du Conseil de l'Europe. Le Secrétaire général du Conseil de l'Europe en communiquera copie certifiée conforme à chacun des gouvernements signataires.

Protocole n° 4[1] à la Convention de sauvegarde des droits de l'Homme et des libertés fondamentales, reconnaissant certains droits et libertés autres que ceux figurant déjà dans la Convention et dans le premier Protocole additionnel à la Convention[2]

tel qu'amendé par le Protocole n° 11

Strasbourg, 16 septembre 1963

Intitulés d'articles ajoutés et texte amendé conformément aux dispositions du Protocole n° 11, à compter de son entrée en vigueur le 1er novembre 1998.

Les gouvernements signataires, membres du Conseil de l'Europe,

1. Ratification par la France le 3 mai 1974 ; entrée en vigueur le 3 mai 1974.

2. Le Protocole n° 4 reconnaît certains droits et libertés non encore inclus dans les textes antérieurs, notamment : interdiction d'emprisonnement pour inexécution d'une obligation contractuelle, droit de liberté de circulation et de choisir sa résidence, interdiction d'expulser un ressortissant, interdiction des expulsions collectives d'étrangers.

Résolus à prendre des mesures propres à assurer la garantie collective de droits et libertés autres que ceux qui figurent déjà dans le titre I de la Convention de sauvegarde des Droits de l'Homme et des Libertés fondamentales, signée à Rome le 4 novembre 1950 (ci-après dénommée « la Convention ») et dans les articles 1er à 3 du premier Protocole additionnel à la Convention, signé à Paris le 20 mars 1952,

Sont convenus de ce qui suit :

Article 1er. – Interdiction de l'emprisonnement pour dette. – Nul ne peut être privé de sa liberté pour la seule raison qu'il n'est pas en mesure d'exécuter une obligation contractuelle.

Art. 2. – Liberté de circulation

1. Quiconque se trouve régulièrement sur le territoire d'un État a le droit d'y circuler librement et d'y choisir librement sa résidence.

2. Toute personne est libre de quitter n'importe quel pays, y compris le sien.

3. L'exercice de ces droits ne peut faire l'objet d'autres restrictions que celles qui, prévues par la loi, constituent des mesures nécessaires, dans une société démocratique, à la sécurité nationale, à la sûreté publique, au maintien de l'ordre public, à la prévention des infractions pénales, à la protection de la santé ou de la morale, ou à la protection des droits et libertés d'autrui.

4. Les droits reconnus au paragraphe 1 peuvent également, dans certaines zones déterminées, faire l'objet de restrictions qui, prévues par la loi, sont justifiées par l'intérêt public dans une société démocratique.

Art. 3. – Interdiction de l'expulsion des nationaux

1. Nul ne peut être expulsé, par voie de mesure individuelle ou collective, du territoire de l'État dont il est le ressortissant.

2. Nul ne peut être privé du droit d'entrer sur le territoire de l'État dont il est le ressortissant.

Art. 4. – Interdiction des expulsions collectives d'étrangers. – Les expulsions collectives d'étrangers sont interdites.

Art. 5. – Application territoriale

1. Toute Haute Partie contractante peut, au moment de la signature ou de la ratification du présent Protocole ou à tout moment par la suite, communiquer au Secrétaire général du Conseil de l'Europe une déclaration indiquant la mesure dans laquelle elle s'engage à ce que les dispositions du présent Protocole s'appliquent à tels territoires qui sont désignés dans ladite déclaration et dont elle assure les relations internationales.

2. Toute Haute Partie contractante qui a communiqué une déclaration en vertu du paragraphe précédent peut, de temps à autre, communiquer une nouvelle déclaration modifiant les termes de toute déclaration antérieure ou mettant fin à l'application des dispositions du présent Protocole sur un territoire quelconque.

3[1]. Une déclaration faite conformément au présent article sera considérée comme ayant été faite conformément au paragraphe 1 de l'article 56 de la Convention.

4. Le territoire de tout État auquel le présent Protocole s'applique en vertu de sa ratification ou de son acceptation par ledit État, et chacun des territoires auxquels le Protocole s'applique en vertu d'une déclaration souscrite par ledit État conformément au présent article, seront considérés comme des territoires distincts aux fins des références au territoire d'un État faites par les articles 2 et 3.

5[2]. Tout État qui a fait une déclaration conformément au paragraphe 1 ou 2 du présent article peut, à tout moment par la suite,

1. Texte amendé conformément aux dispositions du Protocole n° 11.

2. Texte ajouté conformément aux dispositions du Protocole n° 11.

déclarer relativement à un ou plusieurs des territoires visés dans cette déclaration qu'il accepte la compétence de la Cour pour connaître des requêtes de personnes physiques, d'organisations non gouvernementales ou de groupes de particuliers, comme le prévoit l'article 34 de la Convention, au titre des articles 1er à 4 du présent Protocole ou de certains d'entre eux.

Art. 6[1]. – Relations avec la Convention. – Les Hautes Parties contractantes considéreront les articles 1er à 5 de ce Protocole comme des articles additionnels à la Convention et toutes les dispositions de la Convention s'appliqueront en conséquence.

Art. 7. – Signature et ratification

1. Le présent Protocole est ouvert à la signature des membres du Conseil de l'Europe, signataires de la Convention; il sera ratifié en même temps que la Convention ou après la ratification de celle-ci. Il entrera en vigueur après le dépôt de cinq instruments de ratification. Pour tout signataire qui le ratifiera ultérieurement, le Protocole entrera en vigueur dès le dépôt de l'instrument de ratification.

1. Texte amendé conformément aux dispositions du Protocole n° 11.

2. Les instruments de ratification seront déposés près le Secrétaire général du Conseil de l'Europe qui notifiera à tous les membres les noms de ceux qui l'auront ratifié.

En foi de quoi, les soussignés, dûment autorisés à cet effet, ont signé le présent Protocole.

Fait à Strasbourg, le 16 septembre 1963, en français et en anglais, les deux textes faisant également foi, en un seul exemplaire qui sera déposé dans les archives du Conseil de l'Europe. Le Secrétaire général du Conseil de l'Europe en communiquera copie certifiée conforme à chacun des États signataires.

Protocole n° 6[1]
à la Convention de sauvegarde des droits de l'Homme et des libertés fondamentales concernant l'abolition de la peine de mort[2]
tel qu'amendé par le protocole n° 11

Strasbourg, 28 avril 1983

Intitulés d'articles ajoutés et texte amendé conformément aux dispositions du Protocole n° 11, à compter de son entrée en vigueur le 1er novembre 1998.

Les États membres du Conseil de l'Europe, signataires du présent Protocole à la Convention de sauvegarde des Droits de l'Homme et des Libertés fondamentales, signée à Rome le 4 novembre 1950 (ci-après dénommée « la Convention »),

Considérant que les développements intervenus dans plusieurs États membres du

1. Ratification par la France le 17 février 1986; entrée en vigueur le 1er mars 1986.
2. Le Protocole n° 6 réduit sensiblement la portée des exceptions prévues à l'article 2 de la Convention en ce qui concerne la peine de mort. À la date de publication de cette édition il n'avait pas été ratifié par la Russie.

Conseil de l'Europe expriment une tendance générale en faveur de l'abolition de la peine de mort,

Sont convenus de ce qui suit :

Article 1er. – Abolition de la peine de mort. – La peine de mort est abolie. Nul ne peut être condamné à une telle peine ni exécuté.

Art. 2. – Peine de mort en temps de guerre. – Un État peut prévoir dans sa législation la peine de mort pour des actes commis en temps de guerre ou de danger imminent de guerre; une telle peine ne sera appliquée que dans les cas prévus par cette législation et conformément à ses dispositions. Cet État communiquera au Secrétaire général du Conseil de l'Europe les dispositions afférentes de la législation en cause.

Art. 3. – Interdiction de dérogations. – Aucune dérogation n'est autorisée aux dispositions du présent Protocole au titre de l'article 15 de la Convention.

Art. 4[1]. – Interdiction de réserves. – Aucune réserve n'est admise aux dispositions du présent Protocole en vertu de l'article 57 de la Convention.

1. Texte amendé conformément aux dispositions du Protocole n° 11.

Art. 5. – Application territoriale

1. Tout État peut, au moment de la signature ou au moment du dépôt de son instrument de ratification, d'acceptation ou d'approbation, désigner le ou les territoires auxquels s'appliquera le présent Protocole.

2. Tout État peut, à tout autre moment par la suite, par une déclaration adressée au Secrétaire général du Conseil de l'Europe, étendre l'application du présent Protocole à tout autre territoire désigné dans la déclaration. Le Protocole entrera en vigueur à l'égard de ce territoire le premier jour du mois qui suit la date de réception de la déclaration par le Secrétaire général.

3. Toute déclaration faite en vertu des deux paragraphes précédents pourra être retirée, en ce qui concerne tout territoire désigné dans cette déclaration, par notification adressée au Secrétaire général. Le retrait prendra effet le premier jour du mois qui suit la date de réception de la notification par le Secrétaire général.

Art. 6. – Relations avec la Convention. – Les États Parties considèrent les articles 1 à 5 du présent Protocole comme des articles additionnels à la Convention et toutes les dispositions de la Convention s'appliquent en conséquence.

Art. 7. – Signature et ratification. – Le présent Protocole est ouvert à la signature des États membres du Conseil de l'Europe, signataires de la Convention. Il sera soumis à ratification, acceptation ou approbation. Un État membre du Conseil de l'Europe ne pourra ratifier, accepter ou approuver le présent Protocole sans avoir simultanément ou antérieurement ratifié la Convention. Les instruments de ratification, d'acceptation ou d'approbation seront déposés près le Secrétaire général du Conseil de l'Europe.

Art. 8. – Entrée en vigueur

1. Le présent Protocole entrera en vigueur le premier jour du mois qui suit la date à laquelle cinq États membres du Conseil de l'Europe auront exprimé leur consentement à être liés par le Protocole conformément aux dispositions de l'article 7.

2. Pour tout État membre qui exprimera ultérieurement son consentement à être lié par le Protocole, celui-ci entrera en vigueur le premier jour du mois qui suit la date du dépôt de l'instrument de ratification, d'acceptation ou d'approbation.

Art. 9. – Fonctions du dépositaire. – Le Secrétaire général du Conseil de l'Europe notifiera aux États membres du Conseil : **a)** toute signature ; **b)** le dépôt de tout instrument de ratification, d'acceptation ou d'approbation; **c)** toute date d'entrée en vigueur du présent Protocole conformément à ses articles 5 et 8; **d)** tout autre acte, notification ou communication ayant trait au présent Protocole.

En foi de quoi, les soussignés, dûment autorisés à cet effet, ont signé le présent Protocole.

Fait à Strasbourg, le 28 avril 1983, en français et en anglais, les deux textes faisant également foi, en un seul exemplaire, qui sera déposé dans les archives du Conseil de l'Europe. Le Secrétaire général du Conseil de l'Europe en communiquera copie certifiée conforme à chacun des États membres du Conseil de l'Europe.

Protocole n° 7[1]
à la Convention de sauvegarde des droits de l'Homme et des libertés fondamentales[2]
tel qu'amendé par le Protocole n° 11

Strasbourg, 22 novembre 1984

Intitulés d'articles ajoutés et texte amendé conformément aux dispositions du Protocole n° 11, à compter de son entrée en vigueur le 1er novembre 1998.

Les États membres du Conseil de l'Europe, signataires du présent Protocole,

1. Ratification par la France le 17 février 1986 ; entrée en vigueur le 1er novembre 1988.
2. À la date de publication de cette édition, le Protocole n° 7 n'a pas été ratifié par l'Allemagne, les Pays-Bas, la Turquie. Il n'a pas été signé par le Royaume-Uni. Le Protocole n° 7 reconnaît certains droits non encore garantis ni par la Convention, ni par ses Protocoles antérieurs : le droit à des garanties procédurales en cas d'expulsion d'un étranger du territoire d'un État, le droit d'un condamné à un réexamen de la condamnation ou de la peine par une juridiction supérieure, le droit à une indemnisation en cas d'erreur judiciaire, le droit à ne pas être poursuivi ou condamné pénalement, en raison d'une infraction pour laquelle on a déjà été acquitté ou condamné (*non bis in idem*), l'égalité de droits et de responsabilités des époux.

Résolus à prendre de nouvelles mesures propres à assurer la garantie collective de certains droits et libertés par la Convention de Sauvegarde des Droits de l'Homme et des Libertés fondamentales, signée à Rome le 4 novembre 1950 (ci-après dénommée « la Convention »),

Sont convenus de ce qui suit :

Article 1er. – Garanties procédurales en cas d'expulsion d'étrangers

1. Un étranger résidant régulièrement sur le territoire d'un État ne peut en être expulsé qu'en exécution d'une décision prise conformément à la loi et doit pouvoir : **a)** faire valoir les raisons qui militent contre son expulsion, **b)** faire examiner son cas, et, **c)** se faire représenter à ces fins devant l'autorité compétente ou une ou plusieurs personnes désignées par cette autorité.

2. Un étranger peut être expulsé avant l'exercice des droits énumérés au paragraphe 1.a, b et c de cet article lorsque cette expulsion est nécessaire dans l'intérêt de l'ordre public ou est basée sur des motifs de sécurité nationale.

Art. 2. – Droit à un double degré de juridiction en matière pénale

1. Toute personne déclarée coupable d'une infraction pénale par un tribunal a le droit de faire examiner par une juridiction supérieure la déclaration de culpabilité ou la condamnation. L'exercice de ce droit, y compris les motifs pour lesquels il peut être exercé, sont régis par la loi.

2. Ce droit peut faire l'objet d'exceptions pour des infractions mineures telles qu'elles sont définies par la loi ou lorsque l'intéressé a été jugé en première instance par la plus haute juridiction ou a été déclaré coupable et condamné à la suite d'un recours contre son acquittement.

Art. 3. – Droit d'indemnisation en cas d'erreur judiciaire. – Lorsqu'une condamnation pénale définitive est ultérieurement annulée, ou lorsque la grâce est accordée, parce qu'un fait nouveau ou nouvellement révélé prouve qu'il s'est produit une erreur judiciaire, la personne qui a subi une peine en raison de cette condamnation est indemnisée, conformément à la loi ou à l'usage en vigueur dans l'État concerné, à moins qu'il ne soit prouvé que la non-révélation en temps utile du fait inconnu lui est imputable en tout ou en partie.

Art. 4. – Droit à ne pas être jugé ou puni deux fois

1. Nul ne peut être poursuivi ou puni pénalement par les juridictions du même État en raison d'une infraction pour laquelle il a déjà été acquitté ou condamné par un jugement définitif conformément à la loi et à la procédure pénale de cet État.

2. Les dispositions du paragraphe précédent n'empêchent pas la réouverture du procès, conformément à la loi et à la procédure pénale de l'État concerné, si des faits nouveaux ou nouvellement révélés ou un vice fondamental dans la procédure précédente sont de nature à affecter le jugement intervenu.

3. Aucune dérogation n'est autorisée au présent article au titre de l'article 15 de la Convention.

Art. 5. – Égalité entre époux. – Les époux jouissent de l'égalité de droits et de responsabilités de caractère civil entre eux et dans leurs relations avec leurs enfants au regard du mariage, durant le mariage et lors de sa dissolution. Le présent article n'empêche pas les États de prendre les mesures nécessaires dans l'intérêt des enfants.

Art. 6. – Application territoriale

1. Tout État peut, au moment de la signature ou au moment du dépôt de son instrument de ratification, d'acceptation ou d'approbation, désigner le ou les territoires auxquels s'appliquera le présent Protocole, en indiquant la mesure dans laquelle il s'engage à ce que les dispositions du présent Protocole s'appliquent à ce ou ces territoires.

2. Tout État peut, à tout autre moment par la suite, par une déclaration adressée au Secrétaire général du Conseil de l'Europe, étendre l'application du présent Protocole à tout autre territoire désigné dans la déclaration. Le Protocole entrera en vigueur à l'égard de ce territoire le premier jour du mois qui suit l'expiration d'une période de deux mois après la date de réception de la déclaration par le Secrétaire général.

3. Toute déclaration faite en vertu des deux paragraphes précédents pourra être retirée ou modifiée en ce qui concerne tout territoire désigné dans cette déclaration, par notification adressée au Secrétaire général. Le retrait ou la modification prendra effet le premier jour du mois qui suit l'expiration d'une période de deux mois après la date de réception de la notification par le Secrétaire général.

4[1]. Une déclaration faite conformément au présent article sera considérée comme ayant

1. Texte amendé conformément aux dispositions du Protocole nº 11.

été faite conformément au paragraphe 1 de l'article 56 de la Convention.

5. Le territoire de tout État auquel le présent Protocole s'applique en vertu de sa ratification, de son acceptation ou de son approbation par ledit État, et chacun des territoires auxquels le Protocole s'applique en vertu d'une déclaration souscrite par le dit État conformément au présent article, peuvent être considérés comme des territoires distincts aux fins de la référence au territoire d'un État faite par l'article 1er.

6[1]. Tout État ayant fait une déclaration conformément au paragraphe 1 ou 2 du présent article peut, à tout moment par la suite, déclarer relativement à un ou plusieurs des territoires visés dans cette déclaration qu'il accepte la compétence de la Cour pour connaître des requêtes de personnes physiques, d'organisations non gouvernementales ou de groupes de particuliers, comme le prévoit l'article 34 de la Convention, au titre des articles 1er à 5 du présent Protocole.

Art. 7[2]**. – Relations avec la Convention.** – Les États Parties considèrent les articles 1er à 6 du présent Protocole comme des articles

1. Texte ajouté conformément aux dispositions du Protocole n° 11.
2. Texte amendé conformément aux dispositions du Protocole n° 11.

additionnels à la Convention et toutes les dispositions de la Convention s'appliquent en conséquence.

Art. 8. – Signature et ratification. – Le présent Protocole est ouvert à la signature des États membres du Conseil de l'Europe qui ont signé la Convention. Il sera soumis à ratification, acceptation ou approbation. Un État membre du Conseil de l'Europe ne peut ratifier, accepter ou approuver le présent Protocole sans avoir simultanément ou antérieurement ratifié la Convention. Les instruments de ratification, d'acceptation ou d'approbation seront déposés près le Secrétaire général du Conseil de l'Europe.

Art. 9. – Entrée en vigueur

1. Le présent Protocole entrera en vigueur le premier jour du mois qui suit l'expiration d'une période de deux mois après la date à laquelle sept États membres du Conseil de l'Europe auront exprimé leur consentement à être liés par le Protocole conformément aux dispositions de l'article 8.

2. Pour tout État membre qui exprimera ultérieurement son consentement à être lié par le Protocole, celui-ci entrera en vigueur le premier jour du mois qui suit l'expiration d'une période de deux mois après la date du dépôt de l'instrument de ratification, d'acceptation ou d'approbation.

Art. 10. – Fonctions du dépositaire. – Le Secrétaire général du Conseil de l'Europe notifiera à tous les États membres du Conseil de l'Europe : **a)** toute signature ; **b)** le dépôt de tout instrument de ratification, d'acceptation ou d'approbation ; **c)** toute date d'entrée en vigueur du présent Protocole conformément à ses articles 6 et 9 ; **d)** tout autre acte, notification ou déclaration ayant trait au présent Protocole.

En foi de quoi, les soussignés dûment autorisés à cet effet, ont signé le présent Protocole.

Fait à Strasbourg, le 22 novembre 1984, en français et en anglais, les deux textes faisant également foi, en un seul exemplaire, qui sera déposé dans les archives du Conseil de l'Europe. Le Secrétaire général du Conseil de l'Europe en communiquera copie certifiée conforme à chacun des États membres du Conseil de l'Europe.

Protocole nº 12[1] à la Convention de sauvegarde des droits de l'Homme et des libertés fondamentales[2]

Rome, 4 novembre 2000

Les États membres du Conseil de l'Europe, signataires du présent Protocole,

Prenant en compte le principe fondamental selon lequel toutes les personnes sont égales devant la loi et ont droit à une égale protection de la loi;

Résolus à prendre de nouvelles mesures pour promouvoir l'égalité de tous par la garantie collective d'une interdiction générale de discrimination par la Convention de

1. Ce Protocole n'a pas été signé par la France; il est entré en vigueur le 1er avril 2005.
2. Le Protocole nº 12 interdit de manière générale toute forme de discrimination. Les dispositions actuelles de la Convention en matière de protection contre la discrimination (art. 14) sont de portée limitée du fait qu'elles interdisent la discrimination seulement lorsqu'elle s'applique à l'un des droits reconnus par la Convention. Le Protocole nº 12 lève cette limitation et garantit que personne ne doit faire l'objet d'une quelconque forme de discrimination par aucune autorité publique et sous quelque motif que ce soit.

sauvegarde des Droits de l'Homme et des Libertés fondamentales, signée à Rome le 4 novembre 1950 (ci-après dénommée « la Convention ») ;

Réaffirmant que le principe de non-discrimination n'empêche pas les États parties de prendre des mesures afin de promouvoir une égalité pleine et effective, à la condition qu'elles répondent à une justification objective et raisonnable,

Sont convenus de ce qui suit :

Article 1er. – Interdiction générale de la discrimination

1. La jouissance de tout droit prévu par la loi doit être assurée, sans discrimination aucune, fondée notamment sur le sexe, la race, la couleur, la langue, la religion, les opinions politiques ou toutes autres opinions, l'origine nationale ou sociale, l'appartenance à une minorité nationale, la fortune, la naissance ou toute autre situation.

2. Nul ne peut faire l'objet d'une discrimination de la part d'une autorité publique quelle qu'elle soit fondée notamment sur les motifs mentionnés au paragraphe 1.

Art. 2. – Application territoriale

1. Tout État peut, au moment de la signature ou au moment du dépôt de son instrument de ratification, d'acceptation ou d'approbation, désigner le ou les territoires auxquels s'appliquera le présent Protocole.

2. Tout État peut, à tout autre moment par la suite, par une déclaration adressée au Secrétaire général du Conseil de l'Europe, étendre l'application du présent Protocole à tout autre territoire désigné dans la déclaration. Le Protocole entrera en vigueur à l'égard de ce territoire le premier jour du mois qui suit l'expiration d'une période de trois mois après la date de réception de la déclaration par le Secrétaire général.

3. Toute déclaration faite en vertu des deux paragraphes précédents pourra être retirée ou modifiée, en ce qui concerne tout territoire désigné dans cette déclaration, par notification adressée au Secrétaire général du Conseil de l'Europe. Le retrait ou la modification prendra effet le premier jour du mois qui suit l'expiration d'une période de trois mois après la date de réception de la notification par le Secrétaire général.

4. Une déclaration faite conformément au présent article sera considérée comme ayant été faite conformément au paragraphe 1 de l'article 56 de la Convention.

5. Tout État ayant fait une déclaration conformément au paragraphe 1 ou 2 du présent article peut, à tout moment par la suite, déclarer relativement à un ou plusieurs des territoires visés dans cette déclaration qu'il accepte la compétence de la Cour pour connaître des requêtes de personnes physiques, d'organisations non gouvernementales ou de groupes de particuliers, comme le prévoit l'article 34 de la Convention, au titre de l'article 1er du présent Protocole.

Art. 3. – Relations avec la Convention. – Les États parties considèrent les articles 1er et 2 du présent Protocole comme des articles additionnels à la Convention et toutes les dispositions de la Convention s'appliquent en conséquence.

Art. 4. – Signature et ratification. – Le présent Protocole est ouvert à la signature des États membres du Conseil de l'Europe qui ont signé la Convention. Il sera soumis à ratification, acceptation ou approbation. Un État membre du Conseil de l'Europe ne peut ratifier, accepter ou approuver le présent Protocole sans avoir simultanément ou antérieurement ratifié la Convention. Les instruments de ratification, d'acceptation ou d'approbation seront déposés près le Secrétaire général du Conseil de l'Europe.

Art. 5. – Entrée en vigueur

1. Le présent Protocole entrera en vigueur le premier jour du mois qui suit l'expiration d'une période de trois mois après la date à laquelle dix États membres du Conseil de l'Europe auront exprimé leur consentement à être liés par le présent Protocole conformément aux dispositions de son article 4.

2. Pour tout État membre qui exprimera ultérieurement son consentement à être lié par le présent Protocole, celui-ci entrera en vigueur le premier jour du mois qui suit l'expiration d'une période de trois mois après la date du dépôt de l'instrument de ratification, d'acceptation ou d'approbation.

Art. 6. – Fonctions du dépositaire. – Le Secrétaire général du Conseil de l'Europe notifiera à tous les États membres du Conseil de l'Europe : **a)** toute signature; **b)** le dépôt de tout instrument de ratification, d'acceptation ou d'approbation; **c)** toute date d'entrée en vigueur du présent Protocole conformément à ses articles 2 et 5; **d)** tout autre acte, notification ou communication, ayant trait au présent Protocole.

En foi de quoi, les soussignés, dûment autorisés à cet effet, ont signé le présent Protocole.

Fait à Rome, le 4 novembre 2000, en français et en anglais, les deux textes faisant également foi, en un seul exemplaire qui sera déposé dans les archives du Conseil de l'Europe. Le Secrétaire général du Conseil de l'Europe en communiquera copie certifiée conforme à chacun des États membres du Conseil de l'Europe.

Protocole nº 13[1] à la Convention de sauvegarde des droits de l'Homme et des libertés fondamentales relatif à l'abolition de la peine de mort en toutes circonstances[2]

Vilnius, 3 mai 2002

Les États membres du Conseil de l'Europe, signataires du présent Protocole,

Convaincus que le droit de toute personne à la vie est une valeur fondamentale dans une

1. Ce Protocole, signé par la France le 3 mai 2002, a été ratifié le 10 octobre 2007 et est entré en vigueur le 1er février 2008.
2. Le Protocole nº 13 abolissant la peine de mort en toutes circonstances (et supprimant en conséquence les exceptions prévues par l'article 2 de la Convention et maintenues par le Protocole nº 6) n'a pas été signé par plusieurs États membres du Conseil de l'Europe (Azerbaïdjan et Russie) et il n'a pas été ratifié, à la date de publication de cette édition, par plusieurs États signataires (Arménie et Pologne). Dans ces États, c'est donc le Protocole nº 6 qui s'applique (s'il a été introduit de manière régulière dans l'ordre interne), sinon, l'article 2 de la Convention assorti des exceptions qu'il énumère. Aucune dérogation ni aucune réserve ne sont admises aux dispositions de ce Protocole nº 13 à la Convention européenne des droits de l'Homme.

société démocratique, et que l'abolition de la peine de mort est essentielle à la protection de ce droit et à la pleine reconnaissance de la dignité inhérente à tous les êtres humains ;

Souhaitant renforcer la protection du droit à la vie garanti par la Convention de sauvegarde des Droits de l'Homme et des Libertés Fondamentales signée à Rome le 4 novembre 1950 (ci-après dénommée « la Convention ») ;

Notant que le Protocole n° 6 à la Convention concernant l'abolition de la peine de mort, signé à Strasbourg le 28 avril 1983, n'exclut pas la peine de mort pour des actes commis en temps de guerre ou de danger imminent de guerre ;

Résolus à faire le pas ultime afin d'abolir la peine de mort en toutes circonstances,

Sont convenus de ce qui suit :

Article 1er. – Abolition de la peine de mort. – La peine de mort est abolie. Nul ne peut être condamné à une telle peine ni exécuté.

Art. 2. – Interdiction de dérogations. – Aucune dérogation n'est autorisée aux dispositions du présent Protocole au titre de l'article 15 de la Convention.

Art. 3. – Interdiction de réserves. – Aucune réserve n'est admise aux dispositions du présent Protocole au titre de l'article 57 de la Convention.

Art. 4. – Application territoriale

1. Tout État peut, au moment de la signature ou au moment du dépôt de son instrument de ratification, d'acceptation ou d'approbation, désigner le ou les territoires auxquels s'appliquera le présent Protocole.

2. Tout État peut, à tout autre moment par la suite, par une déclaration adressée au Secrétaire général du Conseil de l'Europe, étendre l'application du présent Protocole à tout autre territoire désigné dans la déclaration. Le Protocole entrera en vigueur à l'égard de ce territoire le premier jour du mois qui suit l'expiration d'une période de trois mois après la date de réception de la déclaration par le Secrétaire général.

3. Toute déclaration faite en vertu des deux paragraphes précédents pourra être retirée ou modifiée, en ce qui concerne tout territoire désigné dans cette déclaration, par notification adressée au Secrétaire général. Le retrait ou la modification prendra effet le premier jour du mois qui suit l'expiration d'une période de trois mois après la date de réception de la notification par le Secrétaire général.

Art. 5. – Relations avec la Convention. – Les États Parties considèrent les articles 1er à 4 du présent Protocole comme des articles additionnels à la Convention, et toutes les dispositions de la Convention s'appliquent en conséquence.

Art. 6. – Signature et ratification. – Le présent Protocole est ouvert à la signature des États membres du Conseil de l'Europe qui ont signé la Convention. Il sera soumis à ratification, acceptation ou approbation. Un État membre du Conseil de l'Europe ne peut ratifier, accepter ou approuver le présent Protocole sans avoir simultanément ou antérieurement ratifié la Convention. Les instruments de ratification, d'acceptation ou d'approbation seront déposés près le Secrétaire général du Conseil de l'Europe.

Art. 7. – Entrée en vigueur

1. Le présent Protocole entrera en vigueur le premier jour du mois qui suit l'expiration d'une période de trois mois après la date à laquelle dix États membres du Conseil de l'Europe auront exprimé leur consentement à être liés par le présent Protocole conformément aux dispositions de son article 6.

2. Pour tout État membre qui exprimera ultérieurement son consentement à être lié par le présent Protocole, celui-ci entrera en vigueur le premier jour du mois qui suit l'expiration d'une période de trois mois après la date du dépôt de l'instrument de ratification, d'acceptation ou d'approbation.

Art. 8. – Fonctions du dépositaire. – Le Secrétaire général du Conseil de l'Europe notifiera à tous les États membres du Conseil de l'Europe : **a)** toute signature; **b)** le dépôt de tout instrument de ratification, d'acceptation ou d'approbation; **c)** toute date d'entrée en vigueur du présent Protocole conformément à ses articles 4 et 7; **d)** tout autre acte, notification ou communication, ayant trait au présent Protocole.

En foi de quoi, les soussignés, dûment autorisés à cet effet, ont signé le présent Protocole.

Fait à Vilnius, le 3 mai 2002, en français et en anglais, les deux textes faisant également foi, en un seul exemplaire qui sera déposé dans les archives du Conseil de l'Europe. Le Secrétaire général du Conseil de l'Europe en communiquera copie certifiée conforme à chacun des États membres du Conseil de l'Europe.

Composition C*MB* Graphic
44800 Saint-Herblain

711864 - (I) - OSB-A- 60 g - CMB - EDO
Dépôt légal : juin 2012
Imprimé en Italie par L.E.G.O. S.p.A.